ROBERTO SPAGNUOLO

LA NASCITA DELLA PROGETTAZIONE STRUTTURALE

da Galileo a Leibniz

ROBERTO SPAGNUOLO

LA NASCITA DELLA PROGETTAZIONE STRUTTURALE

da Galileo a Leibniz

Introduzione alla Presente Edizione

Nel 1976 cominciai l'attività di "Addetto alle Esercitazioni" presso la cattedra di Ponti e Grandi Strutture, ruolo scomparso poi quando la riforma Pedini introdusse il ruolo del Ricercatore, e continuai fino alla morte prematura del titolare della cattedra, Prof. Ing. Sergio Musmeci.

Il corso del Prof. Musmeci era a mio avviso di importanza fondamentale per i corsi di architettura e di ingegneria in quanto invitava a ricercare sempre il nesso tra forma e significato della forma in una sorta di "filosofia del linguaggio" architettonico che cercava risposte razionali ad un problema fondamentale per l'uomo "costruttore".

In tale ruolo feci ricerche anche storiche su come questa riflessione sul significato della forma fosse stato vissuto nel tempo, e ebbi grandi sorprese in quanto scoprii che il significato naturale, strutturale, fisico della forma era forse sentito in modo meno grossolano nel passato di quanto non lo sia oggi.

Pubblicai il risultato di questa mia faticosa e certosina ricerca in una serie di articoli, cinque per la precisione, che apparvero nella primavera del 1981. Ho ritenuto utile riproporli raccolti in insieme in questo libriccino.

R. S.

DISCORSI
E
DIMOSTRAZIONI
MATEMATICHE,

intorno à due nuoue scienze

Attenenti alla

MECANICA & i MOVIMENTI LOCALI,

del Signor

GALILEO GALILEI LINCEO,

Filosofo e Matematico primario del Sereniſſimo
Grand Duca di Toſcana.

Con vna Appendice del centro di grauità d'alcuni Solidi.

IN LEIDA,
Appreſſo gli Elſevirii. M. D. C. XXXVIII.

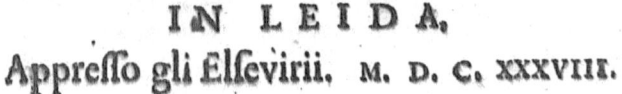

INTRODUZIONE

Progettare vuol dire individuare un oggetto che presenti le caratteristiche richieste. Tale definizione non è affatto una conquista banale in quanto emerge faticosamente da una concezione determinista della progettazione in cui cioè l'oggetto è dato per essere conosciuto e non per essere modificato. Questa moderna concezione della progettazione è soprattutto una conquista culturale per cui chi progetta non può non sentirsi immerso in quel filone storico cui tutta la vera cultura appartiene. Ne nasce la necessità, più che la curiosità, più che il desiderio, di vedere le origini, il primo atto in cui all'uomo il problema si pose per individuare quella continuità storica che giustifica ogni processo culturale.

Mentre cioè non viene avvertita come dovrebbe la necessità di un humus scientifico, tale necessità in ambito umanistico è vitale: non può sussistere una conquista senza radici storiche. La progettazione, intesa in senso moderno è un fatto complesso e fortemente correlato a fatti di significato più universalmente culturale, se non addirittura umanistico per il contenuto che l'oggetto progettato emana, e quindi avverte la necessità di un substrato culturale, di precedenti storici che ne facciano tutt'uno con l'essenza stessa della cultura, con l'essenza stessa dell'uomo che è poi, in definitiva, la sua storia.

Per questo motivo chi si è dedicato lungamente al problema della progettazione in senso stretto, cioè come sintesi dei requisiti di progetto, ha avvertito prepotente il desiderio di un nesso storico, di una dimensione umana in cui porsi.

A tale scopo si sono volute riportare in queste pagine delle testimonianze. inedite in tempi moderni, del problema della progettazione strutturale come era visto dai primi artefici della scienza delle costruzioni.

Da Galilei, fondatore della scienza delle costruzioni, a Parent, scopritore dell'asse neutro, vi è un secolo di storia della scienza che noi abbiamo voluto percorrere inseguendo una immagine: la forma del solido di egual resistenza.

GALILEO ED IL SOLIDO PARABOLICO

Ci andavamo riducendo à memoria, l'ultima considerazio-
ne. [...] su circa quella resistenza, che hanno tutti i corpi solidi
all'esser rotti, dependente da quel glutine, che tiene le parti at-
taccate, e congiunte, si che non senza una potente attrazione,
cedono. e si separano: si andò poi cercando qual potesse esser
la causa di tal coerenza. che in alcuni solidi è gagliardissima.
proponendosi principalmente quella del Vacuo.

Cosi Galilei riassume, all'inizio della seconda giornata
dei *Discorsi e dimostrazioni matematiche intorno a due nuove*
scienze, il dialogo della prima giornata intitolata appunto
Scienza nuova prima. intorno alla resistenza dei corpi solidi al-
l'esser spezzati.

Galileo Galilei (Pisa 1564 - Arcetri 1642) in seguito alla
condanna causatagli dalla pubblicazione nel 1628 del suo
Dialogo sui massimi sistemi del mondo, passò gli ultimi anni
della sua vita tra Firenze ed Arcetri. Malandato in salute,
cieco, addolorato dalla persecuzione. In questo ultimo periodo della sua vita attese alla pubblicazione di tutte le sue ricerche sulla resistenza dei solidi e sul moto che aveva intra-
preso da 43 anni e che ne fanno il fondatore della scienza
delle costruzioni e della dinamica e lo collocano tra i più
grandi rinnovatori della scienza ed instauratori del metodo
scientifico. L'opera *Discorsi e dimostrazioni matematiche intorno*
a due nuove scienze attinenti alla meccanica in cui sono contenu-
ti i risultati di queste ricerche, fu pubblicata a Leida nel 1638.
Il contenuto della seconda giornata intitolata *Qual potesse es-*

sere la causa di tal coerenza è anticipato dalle prime battute introduttive di Salviati, interlocutore insieme a Sagredo e Simplicio dei Discorsi:

Posta qualunque ella sia la resistenza dei corpi all'esser spezzati per una violenta attrazione [...] la quale ben che grandissima contro alla forza di chi per diritto la tira, minore per lo più si osserva nel violentargli per traverso; e così vegghiamo una verga [...] reggere per lo lungo il peso di mille libbre, che fitta a squadra in un muro si spezzerà con l'attaccargliene cinquanta solamente. E di questa seconda resistenza dobbiamo noi parlare. Figuriamoci il Prisma solido A B.CD fitto in un muro dalla parte AB. e nell'altra estremità s'intenda la forza del Peso E.

Galilei ora si figura una leva formata dal braccio BC per la parte della leva. dove si pone la forza e dal braccio BA l'altra parte della leva, nella quale è posta *la resistenza, che consiste nello staccamento, che s'ha da fare dalla parte del solido BD, che è fuor del muro, da quella che è dentro. Il fulcro della leva è in B.*

Dunque il momento della forza posta in C al momento della resistenza [...] ha la medesima proporzione, che la lunghezza CB alla metà della BA. La resistenza è poi proporzionale all'area della sezione reagente e si considera applicata nel baricentro della sezione, *infatti non è dubbio che la resistenza del Cilindro B è tanto maggiore, che quella del Cilindro A quanto il Cerchio EF è maggiore del CD perché tante più sono le fibbre, i filamenti le parti tenaci, che tengono unite le parti dei solidi. Ma se consideriamo che nella forza per traverso ci serviamo di due Leve, delle quali le parti, ò distanze, [... l dove son poste le resistenze, sono i semi-diametri de i Cerchi DC, EF perché i filamenti sparsi per tutte le superficie dei Cerchi, è come se tutti si riducessero ne i centri; considerando dico, tali Leve intenderemo la resistenza nel centro della base.*

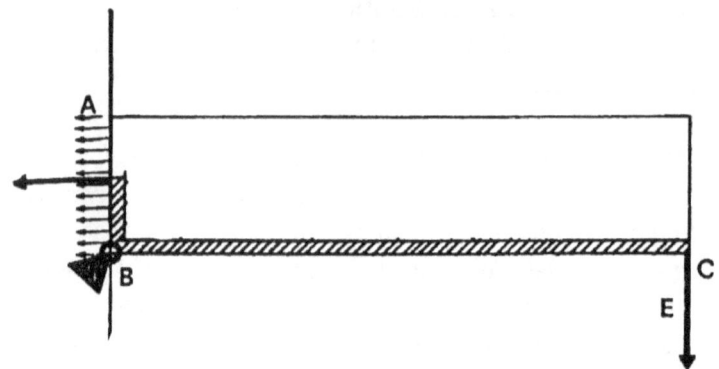

Secondo dunque la rappresentazione moderna, la figura che precede mostra lo schema statico della mensola secondo Galilei. Da tale ipotesi sulla *resistenza dei solidi scaturisce la resistenza dei cilindri egualmente lunghi essere tra di loro come i cubi dei loro diametri* e che per le travi prismatiche di eguale lunghezza tale resistenza è proporzionale al prodotto del quadrato della altezza per la base delle sezioni.

Naturalmente tale meccanismo non interpreta correttamente il fenomeno. È interessante notare come, nel caso della trave a sezione rettangolare di base b ed altezza h, il modulo di resistenza sia $bh^2/6$ mentre secondo lo schema di Galilei risulta $bh^2/2$ e cioè ben tre volte quella effettiva.

Dalla scoperta delle leggi della resistenza, Galilei trae una interessante ed originale conclusione che sarà ripresa nel 1917 dal D'Arcy W. Thompson nel suo *Crescita e forma*.

Or vegghiamo come dalle cose sin qui dimostrate apertamente si raccoglie l'impossibilità del poter non solamente l'arte, mà la natura stessa crescer le sue macchine à vastità im-

mensa, [...] che parimenti sarebbe impossibile far strutture di ossa per huomini. cavalli, ò altri animali, che potessero sussistere, e far proporzionalmente gli uffizii loro, mentre tali animali si dovesser agumentare ad altezze immense, se già non si togliesse materia molto più dura, e resistente della consueta. ò non si deformassero tali ossi sproporzionalmente ingrossandogli, onde poi la figura. et aspetto dell'animale ne riuscisse mostruosamente grosso [...]. E per un breve esempio di questo che dico disegnai già la figura di un osso allungato solamente tre volte, et ingrossato con tal proporzione, che potesse nel suo animale grande far l'uffizio proporzionato à quel dell'osso minore nell'animale più piccolo, e le figure son queste: dove vedete sproporzionata figura. che diviene quella dell'osso ingrandito. Dal che è manifesto, che chi volesse mantener in un vastissimo Gigante le proporzioni, che hanno le membra in un huomo ordinario, bisognerebbe o trovar materia molto più dura [...l ò vero ammettere, che la robustezza sua fusse à proporzione assai più fiacca, che ne gli huomini di statura mediocre: altrimenti crescendogli à smisurata altezza si vedrebbono dal proprio peso opprimere, e cadere.

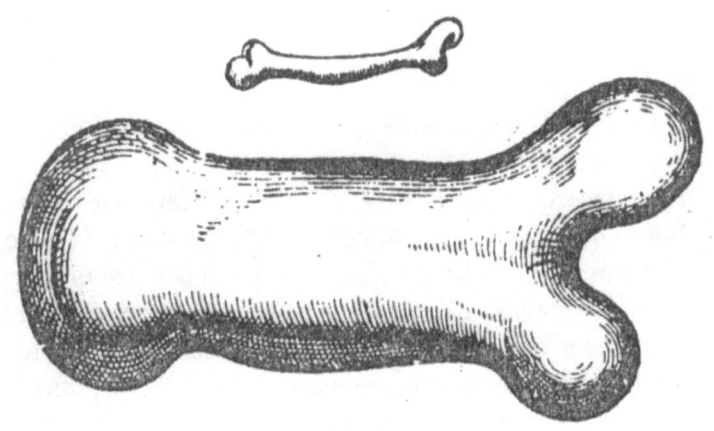

Ma l'argomento fondamentale, sotto il profilo della progettazione strutturale, e che Galilei è il primo a trattare, è quello del solido ad uniforme resistenza che egli così introduce:

Vò considerando, che essendo il Prisma AB [appoggiato agli estremi] sempre più gagliardo, e resistente alla pressione nelle parti, che più, e più si allontanano dal mezzo, nelle travi gagliardissime e gravi, se ne potrebbe levar non piccola parte verso l'estremità con notabile alleggerimento di peso, che ne i travamenti di grandi stanze sarebbe comodo, et utile non piccolo. E bella cosa sarebbe il ritrovare quale figura dovrebbe avere quel tal solido, che in tutte le sue parti fosse egualmente resistente: tal che non più facile fusse ad esser rotto da un peso che lo premesse nel mezzo, che in qualsivoglia altro luogo.

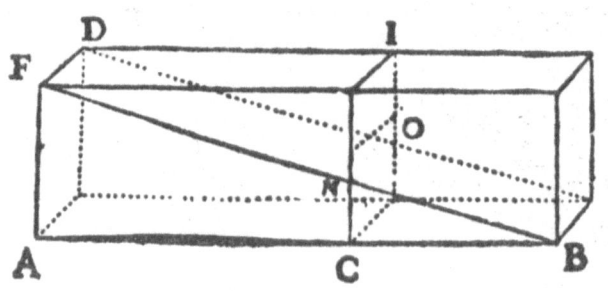

Quindi Galilei dimostra l'esistenza di tale solido.

Haviamo dunque nel Trave, ò Prisma DB levatone una parte, cioè la metà, segandolo diagonalmente, e lasciato il Cuneo, ò Prisma triangolare FBA, e sono due solidi di condizioni contrarie, cioè quello tanto più resiste quanto più si scorcia, e questo nello scorciarsi perde altrettanto di robustezza. Ora stante questo, par ben ragionevole, anzi necessario, che se gli possa dare un taglio, per il quale, togliendo via il superfluo, rimanga un solido tale, che in tutte le sue parti sia egualmente resistente.

Simp[licius]. È ben necessario, che dove si passa dal maggiore al minore s'incontri ancora l'eguale.

È l'invenzione della forma strutturale.

Ora resta [...] il ritrovar secondo che linea si deve far camminar la sega: la quale proverò che deve essere linea Parabolica ma è necessario dimostrare retto Lemma che è tale: se saranno due Libre, ò Leve divise da i loro sostegni in modo che le due distanze, dove si hanno à costituire le potenze, habbiano trà di loro doppia proporzione delle distanze, dove saranno le resistenze, le quali resistenze siano tra di loro, come le loro distanze, le potenze sostenenti saranno eguali.

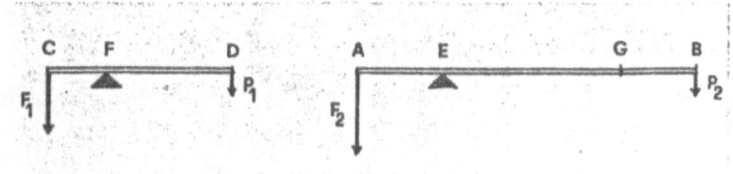

Con riferimento alla figura precedente si ha cioè in notazione moderna:

se $EB : FD = AE^2 : CF^2$ ed $F_1 : F_2 = AE : CF$ allora $P_1 = P_2$.

E cosi Galilei dimostra tale lemma:

Pongasi la EG media proporzionale trà EB, e FD sarà dunque come BE ad EG. cosi GE ad FD, et AE à CF, e cosi si è posto essere la resistenza di A alla resistenza di C. E perché come EG ad FD. così AE à CF, sarà permutando come GE ad EA, così DF ad FC. e però (per essere le due Leve DC, GA divise proporzionalmente ne i punti F, E) quando la potenza. che posta in D pareggia la resistenza di C, fusse in G, pareggerebbe la medesima resistenza di C posta in A, mà per il dato la resistenza di A alla resistenza di C, hà la medesima proporzione, che la AE alla CF, cioè, che la BE alla EG, adunque la potenza G, ò vogliam dire D posta in B. sosterrà la resistenza posta in A. Che è quello che si doveva provare.

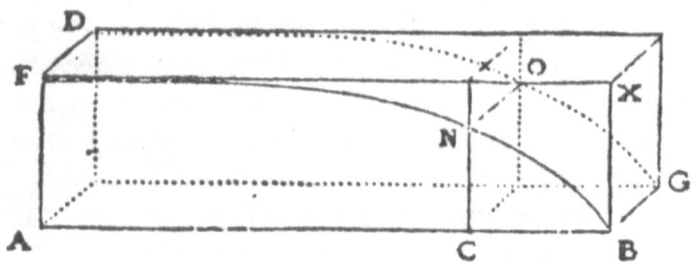

E, subito dopo, riferendosi al solido parabolico (figura precedente), così continua:

Inteso questo [...] sia segato [tal solido] dal piano CO parallelo all'AD, e intendansi due Leve divise, e poste sopra i sostegni. 4C. e siano dell'una le distanze BA, AF, e dell'altra le BC. CN. E perché nella Parabola FBA, la AB alla BC, sai come il Quadrato della FA al Quadrato di CN, è manifesto la distanza BA, dell'una Leva alla distanza BC, dell'altra haver doppia proporzione (cioè essere proporzionale al quadrato) di quella, che hà l'altra distanza AF all'altra CN. E perché la resistenza da pareggiarsi con la Leva BA alla resistenza da pareggiarsi con la Leva BC. ha la medesima proporzione, che 'l rettangolo DA al rettangolo OC, la quale è la medesima, che ha la linea AF alla NC, che sono l'altre due distanze delle Leve, è manifesto per il Lemma passato, che la medesima forza, che rendo applicata alla linea BG pareggerà la resistenza DA. pareggerà ancora la resistenza CO. Et il medesimo si dimostrerà, segandosi il solido in qual si sia altro luogo: adunque tal Solido Parabolico è per tutto egualmente resistente.

Si imaginino cioè agire due leve secondo lo schema statico di Galilei. Una formata dal braccio AB e dal braccio AF con fulcro in A l'altra dal braccio BC e dal braccio CN con fulcro in C. Poiché per ipotesi la linea FNB è una parabola, si ha senz'altro: AB : BC = AF^2 : CN^2. Inoltre le forze resistenti sono proporzionali alle aree delle sezioni per A e per C le quali sono a loro volta proporzionali ai segmenti AF e CN. Le forze di reazione applicate agli estremi delle leve sono dunque proporzionali alle lunghezze dei bracci stessi. Pertanto, per il lemma precedente, una forza agente in BG equilibrerà sia la reazione in C che in A e quindi analogamente in qualsiasi sezione del solido.

Si noti, per inciso, che Galilei aveva iniziato considerando una trave appoggiata ai due estremi e conclude ora la dimostrazione invece per una mensola senza però dichiararlo esplicitamente favorendo così gli equivoci di interpretazione che fioriranno in seguito.

Galilei non si limita a questa singolare dimostrazione, la prima della storia in cui si individua la forma di un elemento strutturale, ma ne ribadisce anche l'utilità.

Che poi segandosi il Prisma secondo la linea parabolica FNB se ne levi la terza parte, si fà manifesto [...]; Di qui si vede, come con diminuzion di peso di più di trentatrè per cento si possa far i travamenti senza diminuir punto la loro gagliardia, il che ne i Navilli grandi in particolare per regger le coverte può esser d'utile non piccolo; atteso che in cotali fabbriche la leggerezza importa infinitamente.

Il risultato di Galilei è qualitativamente esatto, naturalmente trascurando il peso proprio della trave, benché egli utilizzi uno schema statico fondamentalmente errato.

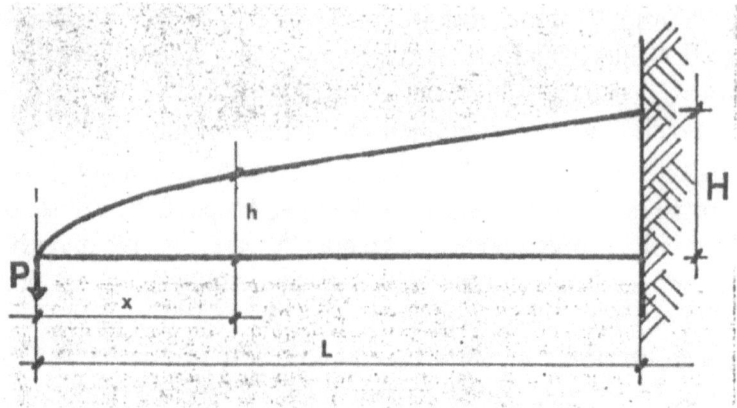

Secondo il moderno concetto di uniforme resistenza, per il quale cioè nelle travi inflesse deve essere costante la massima tensione in ogni sezione e cioè deve aversi: W = |M| / k, la sezione deve variare in modo che il modulo di resistenza W risulti proporzionale al valore assoluto del momento flettente M.

Nel caso in questione $W = bh^2/6$ ed il momento flettente in una sezione distante x dall'estremo libero è M = P x perciò:

$$\frac{bh^2}{6} = \frac{Px}{k}$$

Poiché P, k, b sono costanti, il quadrato di h dipende solo da x e quindi la forma è quella di una parabola.

18

BLONDEL ED IL SOLIDO ELLITTICO

Quel che invece mi scrivi, della trave cioè da te segata se-condo una linea parabolica come prescritto da Galileo perché sia ovunque di eguale resistenza, la quale non ha affatto rispo-sto alle tue aspettative. ciò mi ha non poco sorpreso tanto ho infatti sempre stimalo quell'uomo che non ho mai potuto pen-sare di poter in qualche modo correggere qualcosa da lui idea-to con minor ingegno.

Cosi Francoise Blondel scrive a Paolo Würtz in una lettera datata Parigi 1661 *In qua famosa Galilei propositio discutitur, circa naturam lineae qua trabes secari debent ut sint aequalis ubique resistentiae; et in qua lineam illam non quidem parabolicam ut ipse Galilaeus arbitratus est, sed ellip-ticam esse demostratur.*

E cioè: lettera nella quale si discute la famosa proposi-zione di Galilei intorno alla natura della linea con la qua-le si debbono segare le travi affinché siano ovunque di eguale resistenza; e nella quale si dimostra che tale linea non è parabolica come riteneva Galileo, ma ellittica.

F. B. EPISTOLA AD P. W.

IN QVA FAMOSA GALILÆI

Propofitio difcutitur , Circa naturam lineæ
qua trabes fecari debent vt fint æqualis vbi-
que refiftentiæ; & in qua lineam illam non
quidem parabolicam vt ipfe Galilæus arbitratus eft , fed ellipticam effe demonftra-
tur.

PARISIIS,

Apud **FRANCISCVM CLOVSIER,** in Aula Palatij
propè ædem primi Senatus Præfidis.

M. DC. LXI.

In un saggio pubblicato nel luglio 1684 sugli *Acta Eruditorum* da G.W. Leibniz, che peraltro riguarda anch'esso l'uniforme resistenza, troviamo:

Paolo Würtz, valoroso sia come militare che come studioso, ha sperimentato questa [la rottura per flessione] ed altre asserzioni di Galileo trovandole rispondenti e ciò apprendo da Blondel, esimio in questi ed altri studi, amico di Würtz e maestro di matematiche del Serenissimo Delfino oltre che direttore dell'Accademia di Architettura.

Francois Blondel (Ribemont 1616 - Parigi 1686) fu infatti dapprima ingegnere e matematico, membro dell'Accademia delle scienze, poi si dedicò all'architettura. Pubblicò varie opere di matematica, di fortificazione e di architettura. Come storico dell'architettura difese i principi classici ispirandosi a Vitruvio ed a Palladio. Tra le sue opere architettoniche, la porta di Saint-Denis a Parigi.

Paolo barone di Würtz, il Paulus Wurzius del testo latino, fu un generale del secolo XVII, nato ad Husum nel ducato di Salswig, *era d'una famiglia di oscura origine, né dovette che a se stesso il proprio avanzamento.* Così leggiamo nella Biografia universale antica e moderna pubblicata a Venezia nel 1828. La difesa di Stettino dall'assedio degli elettori del Brandeburgo gli valse il titolo di barone. Morì il 24 maggio 1676. Di lui disse Boileau nell'epistola IV:

Ah! grand rei, quel hèros, quel Hector que ce Würtz!
Sans ce terrible nom, mal né pour les oreilles.
Que j'allais à tes yeaux étaler de meravilles!

Galilei nella seconda giornata del suo *Discorsi e dimostrazioni matematiche intorno a due nuove scienze* pubblicato a Lipsia nel 1638, dimostra che una mensola di forma parabolica alla cui estremità libera agisca una forza e di cui si trascuri il peso proprio, è per tutto egualmente resistente. Ma poco oltre Galilei estende con troppa immediatezza il risultato alle travi appoggiate ai due estremi ed uniformemente caricate e ciò dicendo:

Di qui si vede come con diminuzione di peso di più di trentatré per cento si possa fare i travamenti senza diminuire punto la loro gagliardia il che nei navali grandi. in particolare per reggere le coverte. può essere d'utile non piccolo atteso che in cotal fabbriche la leggerezza importa infinitamente.

Ed infatti Blondel così seguita nella sua lettera: *Avendo in vero considerato la cosa più profondamente ed avendo discusso le proposizioni contenute nel 2. libro sulla resistenza dei solidi* (e cioè la seconda giornata dei Discorsi di Galilei) *e dal momento che mi hai chiesto un parere sulla cosa. non nasconderò di essere rimasto deluso dal fatto che Galileo ritenne che ciò che aveva rettamente dimostrato per una trave con una estremità infissa nel muro e l'altra liberamente sporgente, andasse bene anche per le travi appoggiate ad entrambe le estremità.*

E poco dopo, insistendo sulle affermazioni di Galilei: *Confesso di ignorare del tutto a quale uso possano esservi* (le mensole nelle navi) *perché non vi sono traverse nelle navi che non siano sostenute da entrambe le parti ed i cui estremi, ed anche spesso la parte di mezzo, non siano ben fisse in qualche cosa.*

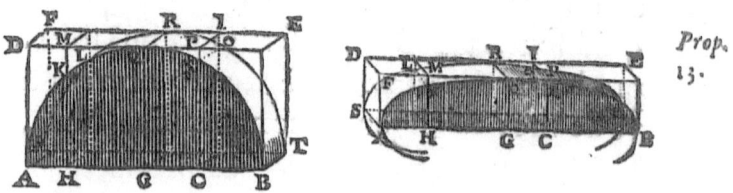

Egli dunque formula tredici proposizioni in cui esamina mensole e travi triangolari, paraboliche, iperboliche ed infine, nella tredicesima ed ultima proposizione, il solido ellittico:

Avanti dunque e ciò che negammo assolutamente persino nella sezione parabolica ed in quella iperbolica e nei quarti di circolo e di ellisse, concediamo a ragione a quella circolare e certamente a quella ellittica. Queste sezioni infatti producono ciò che erroneamente Galileo asseriva producesse la parabola. Infatti se descriviamo con due linee AG o GB e GQ, quali semidiametri, il semicircolo AQB nel caso che tali linee siano eguali, oppure un semiellisse se sono diverse, e per questa o quella trave AE facciamo in modo che sia un solido circolare o ellittico AQBTRS, i suoi momenti di resistenza saranno in vero ovunque eguali; e quel peso che rompe il solido in C analogamente lo romperà in H. Infatti il momento in C, sia nella sezione circolare che ellittica, sta al momento in H in ragione composta del quadrato di CN al quadrato di HK ed i rettangoli AHB al rettangolo ACB. Ma poiché nel circolo e nell'ellisse il quadrato di CN sia al quadrato di HK come il rettangolo ACB sta al rettangolo AHB [nel testo originale si legge, per un evidente refuso, AIIK]; *dunque il rapporto dei momenti di resistenza del solido sia circolare che ellittico, in C, allo steso momento di resistenza in H, si compone secondo le proporzioni del rettangolo ACB al rettangolo AHB e del rettangolo AHB al rettangolo ACB; ma queste proporzioni fanno proporzione di eguaglianza, quindi i momenti in C ed in H saranno eguali. E ciò Si conclude per qualsiasi punto del solido per cui il proposito appare ovunque* [dimostrata].

In notazione moderna, detto M il momento resistente, ciò si scrive:

$$M_c / M_h = \overline{CN}^2 / \overline{HK}^2 \times \overline{AH}\ \overline{HB} / \overline{AC}\ \overline{CB}$$

Tale relazione si trova già in Galilei. Ma per l'ellisse e la circonferenza esiste la relazione geometrica:

$$\overline{CN}^2 / \overline{HK}^2 = \overline{AC}\ \overline{CB} / \overline{AH}\ \overline{HB}$$

dalla quale deriva immediatamente che $M_c/M_h = 1$ e cioè che i momenti resistenti sono eguali e quindi il momento resistente è costante in tutto il solido.

Blondel usa impropriamente il termine "momento resistente" in P intendendolo: *minimum pondus quod incumbens in P, trabem frangeret* che è invece più propriamente detta resistenza da Galilei. Quindi poiché il momento resistente è costante, è costante anche il peso che la trave può sopportare.

Essa cioè risulta tutta egualmente resistente in senso galileiano se sottoposta ad un carico uniformemente distribuito. Blondel non dà criteri di dimensionamento ma la conclusione è esatta. Secondo la moderna teoria delle travi ad uniforme resistenza infatti deve essere costante la massima tensione nelle sezioni e cioè deve essere soddisfatta la relazione tra modulo di resistenza W e valore assoluto del momento flettente M in ogni sezione della trave (vedi figura seguente):

$$W = M/k$$

Nel caso in esame si ha:

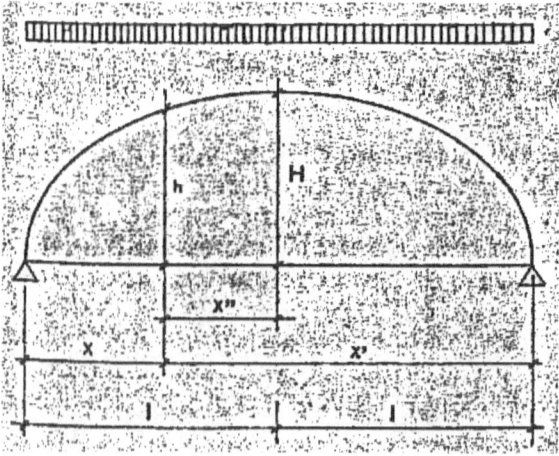

$$M = q\,l\,x - q\frac{x^2}{2} = q\frac{x}{2}(2l - x) =$$

$$= \frac{q}{2}x\,x' = \frac{q}{2}(l - x'')(l + x'') = \frac{q}{2}(l^2 - x''^2)$$

quindi:

$$\frac{b\,h^2}{6} = q\frac{l^2}{2k}$$

ed in particolare, per x = l, si ha:

$$\frac{b\,H^2}{6} = \frac{q\,l^2}{2k}$$

dividendo membro a membro:

$$\frac{h^2}{H^2} = 1 - \frac{x''^2}{l^2}$$

ovvero:

$$\frac{x''^2}{l^2} + \frac{h^2}{H^2} = 1$$

per cui il profilo della trave è effettivamente una semi ellisse.

MARCHETTI ED IL DE RESISTENTIA SOLIDORUM

Circa dieci anni or sono, rileggendo con più attenzione il secondo dialogo di Galilei, mi imbattei in quella proposizione che afferma che "il solido parabolico è ovunque di eguale resistenza". Confesso che di fronte ad una così sublime scoperta rimasi profondamente stupito e particolarmente quando considerai bene quelle cose che subito aggiunge Salviati e cioè che possiamo impiegare nei navigli e negli edifici da costruire travi di legno ridotte di un terzo nella mole e nel peso ma non ridotte nella loro resistenza. Ma. considerata la cosa con più attenzione. cominciai a dubitare che forse Salviati si fosse ingannato e cioè che quelle cose che Galilei aveva mostrato per il solido parabolico privato con l'intelletto del proprio peso ed infisso in una parete, potessero applicarsi allo stesso solido pesante e sostenuto da entrambe le estremità come certamente è necessario fare nei navigli ecc. che devono costruirsi.

Così nella prefazione del suo *De resitentia solidorum*, pubblicato nel 1669 Alessandro Marchetti si rivolge al lettore *candido ed amico.*

G. Galilei infatti nella seconda giornata del suo *Discorsi e dimostrazioni matematiche intorno a due nuove scienze*, pubblicato a Lipsia nel 1638, dimostra che una mensola di forma parabolica caricata con un carico concentrato all'estremità libera è per tutto egualmente resistente e cioè che ogni sezione è egualmente sollecitata. Ma poco

DE

RESISTENTIA
SOLIDORVM
ALEXANDRI MARCHETTI
IN ALMA PISANA ACADEMIA
Ordinariam Philosophiam publicè profitentis.

FLORENTIÆ, Typis Vincentij Vangelisti, & Petri Matini, Typographi S.M.D. *Superiorum permissu*. MDCLXIX.

oltre, per bocca di Salviati, interlocutore con Simplicio e Sagredo dei *Discorsi*, osserva che: *di cui si vede come con diminuzione di peso di più di trentatré per cento si possa fare i travamenti senza diminuire punto la loro gagliardia il che nei navilli grandi, in particolare per regger le coverte, può essere d'utile non piccolo atteso che in cotal fabbriche la leggerezza importa infinitamente.*

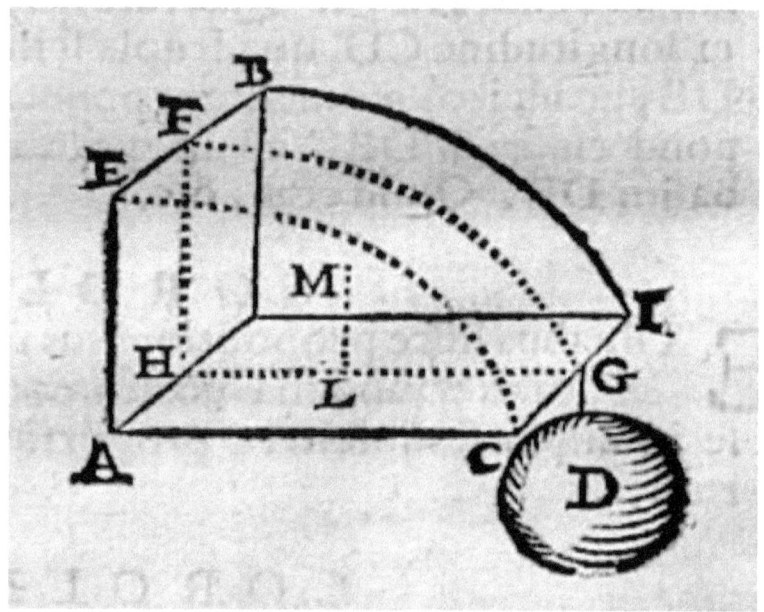

Alessandro Marchetti (Pontormo 1633 -Pisa 1714) scienziato e letterato, insegnò nel 1660 prima filosofia poi matematica a Pisa rivelandosi uno dei più notevoli epigoni di Galilei. Scrisse opere matematiche in latino, tra cui *De resistentia solidirum* pubblicato nel 1669, accanto ad opere letterarie quali *Rime italiane* del 1704. Tradusse felicemente *Anacreonte* ed il *De rerum natura di Lucrezio*, per cui è particolarmente noto, e che fu pubblicato postumo nel 1717.

Il *De resistentia solidorum* si articola in 127 pagine in stringate proposizioni seguite da numerosi corollari che affrontano il problema della flessione seguendo in modo sistematico la teoria di Galilei.

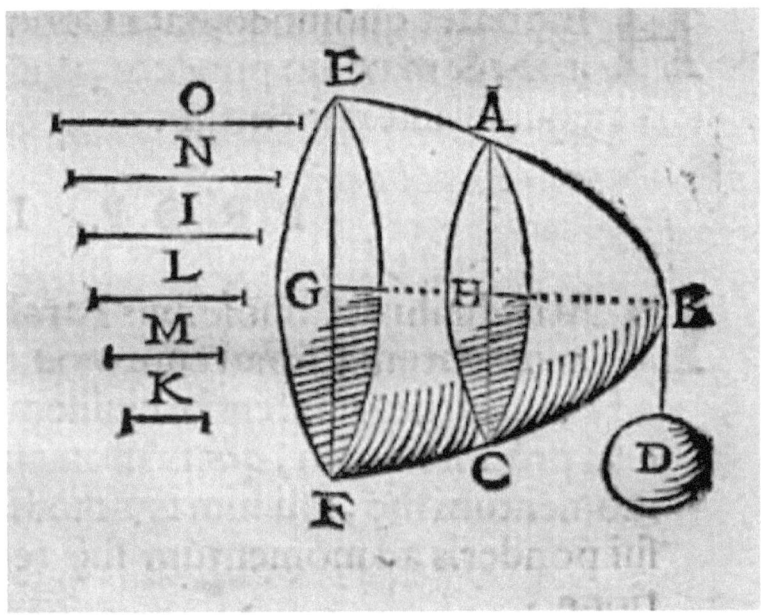

Marchetti, oltre a trattare il solido parabolico di Galilei, dimostra nella proposizione 78 del primo libro l'eguale resistenza di un conoide parabolico e cioè di una mensola formata dalla rivoluzione di una parabola intorno al suo asse al cui vertice, costituito dall'estremità libera, è applicata una forza.

La dimostrazione è invero condotta in modo piuttosto laborioso. L'argomento però più interessante è certo quello sollevato nella prefazione e che egli tratta nella proposizione 39 del secondo libro.

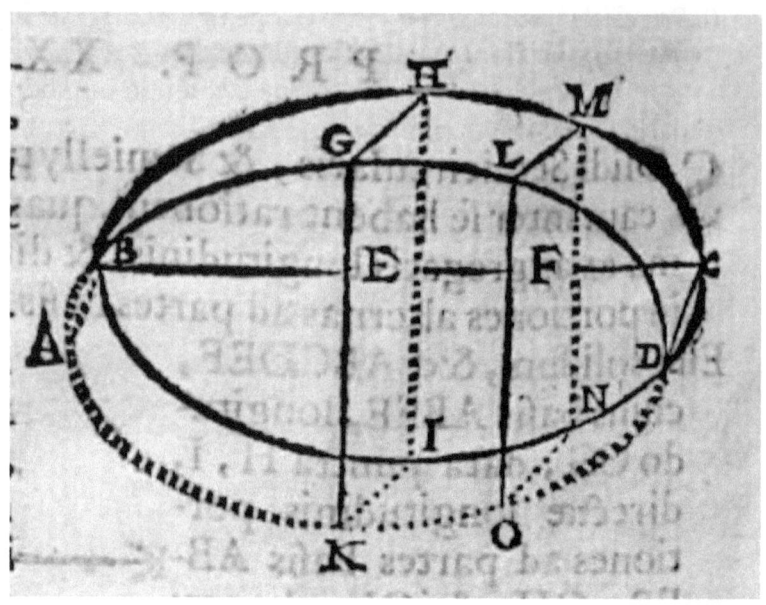

I solidi circolari ed ellittici sostenuti ad entrambi gli estremi sono ovunque tra loro di resistenza eguale. Sia il solido ABCD ecc. la cui lunghezza assegnata BC sia divisa in H ed F. Asserisco che la resistenza in E ed F nel solido ABCD sono eguali. Condotti infatti per E ed F i piani GHIK. LMNO che sono rettangoli di egual base KION e diverse altezze HI, MN: la resistenza del solido ABCD in E ha con la resistenza in F proporzione composita dai rapporti FB a BE, FC a CE e dal quadrati di HI ai quadrati di MN ovvero dai rettangoli di BE in EC al rettangolo di BF in FC, cioè secondo i rapporti FB a BE, FC a CE, EB a BF, ed EC a CF ovvero dai rapporti FB a SE, EB a BF, FC a CE ed EC a CF; è palese quindi che le proporzioni compongono una proporzione di eguaglianza quindi la resistenza del solido ABCD in E è uguale alla resistenza in F. Ciò che era ecc.

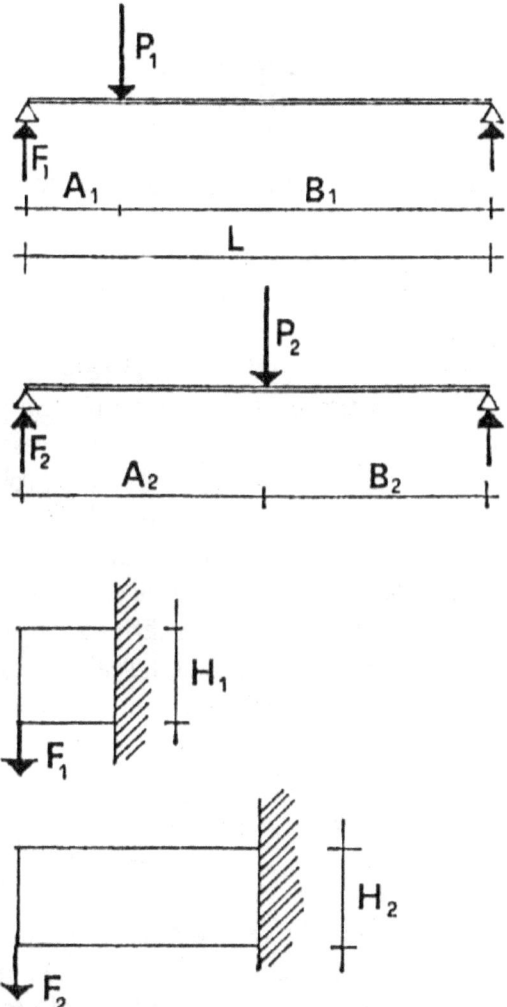

In notazione moderna ciò si scrive rapidamente, indi-
cando con R la resistenza:

$$\frac{R_c}{R_f} = \frac{FC}{BE}\frac{FC}{CE}\frac{HI^2}{MN^2}$$

introducendo ora la relazione geometrica:

$$\frac{HI^2}{MN^2} = \frac{EB}{BF}\frac{EC}{CF}$$

e sostituendo nella prima relazione si ha, come è facile constatare:

$$R_c = R_f$$

La prima relazione era già stata dimostrata da Galilei ed è nuovamente dimostrata da Marchetti in una precedente proposizione. Poiché però qui non ci interessa mostrare la metodologia con cui essi affrontano tale problema, ed in effetti sarebbe troppo lungo seguirne le dimostrazioni, ne diamo una più agile esposizione in notazione moderna seguendo però la falsa riga delle dimostrazioni originali. Si considera una trave appoggiata agli estremi caricata da una forza P posta in differenti posizioni per cui la reazione F ad un appoggio risulta:

$$F_1 = \frac{P_1 b_1}{L} \qquad F_2 = \frac{P_2 b_2}{L}$$

Ora lo schema statico si considera trasformato in quello più comodo di una mensola incastrata nella sezione in cui agisce la forza e caricata dalla reazione e quindi si stabilisce la già nota proporzione valida per le mensole a larghezza costante:

$$\frac{F_1}{F_2} = \frac{a_2}{a_1}\frac{h_1^2}{h_2^2}$$

che diviene, sostituendo i valori di F trovati in precedenza:

$$\frac{P_1}{P_2} = \frac{a_2 b_2 h_1^2}{a_1 b_1 h_2^2}$$

che è appunto la relazione in questione ed evidenzia, così espressa, il significato di resistenza adottato dagli autori. Marchetti usa cioè il termine resistenza, come abbiamo visto, con il significato galileiano di forza minima che può rompere la trave in una data sezione. Tale termine non va confuso né con la resistenza assoluta di Galilei, che è la reazione della sezione, né con il momento di resistenza che ha il significato dell'attuale modulo di resistenza.

Dunque l'eguale resistenza della trave è riferita ad un carico uniformemente distribuito. La soluzione è esatta e confermata anche dalla attuale teoria delle travi inflesse ad uniforme resistenza. La dimostrazione data da Marchetti è identica a quella che era già stata data otto anni prima da F. Blondel in una lettera a P. Würtz datata Parigi 1661 ed in cui appunto il solido ellittico scaturiva conte soluzione del problema sollevato dalla inesatta affermazione di Galilei.

La priorità di F. Blondel nella scoperta del solido ellittico non sfuggì a G. Grandi che non mancò di rilevarlo pubblicamente nella prefazione al suo trattato *Quadratura circuli et hyperbolae*. Ciò suscitò una lunga disputa tra Grandi e Marchetti sulla priorità di tale scoperta.

GRANDI E LA DISPUTA SUL SOLIDO ELLITTICO

Aveva io [...] circa a dieci anni prima di pubblicarlo (il De resistentia solidorum), *nello studiare Galileo intorno all'e-gual resistenza del solido parabolico in ogni sua parte, osservato da tal proposizione il Salviati, principale tra i personaggi dal medesimo Galileo introdotti a parlar in quel suo Dialogo (e* cioè i Discorsi e dimostrazioni matematiche intorno a due nuove scienze, 1638), *deduce per corollario che potrebbero fabbricarsi i travamenti delle navi con diminuzione di peso di 33 per cento senza diminuire punto la loro gagliardia; al che facendo io qualche attenta riflessione e considerando che i suddetti travamenti non si appoggiano ad un solo sostegno, come il solido parabolico, del quale esso Galileo aveva poco innanzi la suddetta ammiranda invero e del suo sublime ingegno degnissima proprietà, dimostrato, ma vengon retti in ambedue le loro estremità; ancorché io mi persuadessi che potesse essere vero che anche questi secondo la linea parabolica fossero in ogni loro parte egualmente resistenti per vederlo affermato con tanta franchezza da un si grand' Uomo, pur non di meno volli meglio certificarmene per mezzo di qualche evidente dimostrazione, alla quale, avendo io più volte pensato, e ripensato, e non potendone venire a capo, incolpava da principio il corto mio intendimento, quasi che egli fosse incapace di penetrare colà ove con una sola occhiata della sua eccelsa mente aveva, col dedurre dalla detta proposizione quel corollario, penetrato il divino impegno di Gelileo. Ma disingannatomi finalmente e conosciuto e con geometrica evidenza provato che non solo il solido parabolico sostenuto in ambedue i suoi*

LETTERA,

NELLA QUALE SI RIBATTONO L' INGIUSTE ACCUSE,

Date dal

P. D. G. G.

Nella Seconda Edizione del suo Libro

DELLA QUADRATURA DEL CERCHIO, E DELL'
IPERBOLA , ec.

A d

ALESSANDRO MARCHETTI,

Ordinario Profeffore, già di Filofofia, e al prefente di Matematica
nell' Univerfità di Pifa ,

Scritta dal medefimo Marchetti

A SU' ECCELLENZA

IL SIGNOR

BERNARDO TREVISANO,

Nobile Patrizio Veneto.

IN LUCCA MDCCXI.

Per Leonardo Venturini.
CON LICENZA DE'SUPERIORI.

estremi termini non era per tutto egualmente resistente, ma che di lui né anche verificavasi la suddetta proprietà quando viene appoggiato ad un sostegno solo se non in caso che egli si consideri come nulla pesante: cosa che può ben da noi immaginarsi ma non giammai ottenersi, mettendo in opera le dette travi, per essere quelle necessariamente materiali e però sempre congiunte col proprio peso; presi animo, non solo di speculare e dimostrare alcune altre proposizioni a tal materia appartenenti, ma di mandarle manuscritte dalla mia Villa di Pontormo, dove allora mi trovava, a Firenze, al più volte mentovato ma non mai lodato abbastanza mio grande Maestro per sentirne da lui il suo dottissimo e sincerissimo parere; ed avendomi egli non solo approvato le suddette proposizioni ma consigliatomi di più a specularne delle nuove, io di buona voglia mi accinsi all'opera quale, a dir vero, non senza molto studio e fatica ridussi al fine desiderato.

Dunque Alessandro Marchetti nel suo *De resistentia solidorum*, pubblicato nel 1669, aveva individuato quella stessa trave ellittica sulla quale già nel 1661 Francoise Blondel aveva inviato una lettera all'amico Paolo Würtz.

La dimostrazione pertanto di Marchetti inerente la trave ellittica è posteriore, almeno per data di pubblicazione, a quella di Blondel.

Il fatto che Marchetti la pubblicasse otto anni dopo Blondel determinò una disputa con Guido Grandi il quale nella prefazione del suo trattato *Quadratura circuli et Hyperbolae* rileva appunto che Marchetti non è l'inventore della trave ellittica.

Guido Grandi (Cremona 1671 - Pisa 1742) vestì l'abito dei camaldolesi e fu lettore di filosofia e poi di teologia a Firenze quindi professore di filosofia e di matematica all'università di Pisa. Conosciuto soprattutto per le sue opere di matematica, divulgò i metodi infinitesimali di

Leibniz e Newton. Studiò le curve rodonee e le loro analoghe sulla sfera, le clelie.

La risposta di Marchetti alla affermazione di Grandi costituisce la *Lettera nella quale si ribattono l'ingiuste accuse, date dal P. D. G. G. Guido Grandi nella seconda edizione del suo libro Della quadratura del cerchio e dell'iperbole, ecc. ad Alessandro Marchetti [...]* pubblicata a Lucca nel 1711 e da cui abbiamo tratto il brano riportato all'inizio di questo capitolo.

Grandi replica con *Dialoghi di P. Grandi circa la controversia eccitatagli contro dal Sig. Dott. Alessandro Marchetti*, del 1712. E la controversia continua.

Questa controversia costituisce soprattutto un episodio di cronaca della ricerca scientifica per cui non è certo argomento di queste pagine. È opportuno però mettere in luce la posizione di Marchetti come emerge da alcuni brani della sua appassionata difesa nella lettera citata.

Pubblicò il Blondello fino dall'anno 1661, cioè otto anni innanzi all'edizione del mio libro, la sua Operetta con questo titolo: E B., Epistola ad P. V. V. in qua famosa Galilaei propositio discutitur circa naturam lineae qua trabes secari debent ut sint aequalis ubique resistentiae. Cioè: E. B., lettera scritta a P. V. V. nella quale si esamina la famosa proposizione di Galileo intorno alla natura della linea secondo la quale devono segarsi le travi acciocché siano in ogni loro parte egualmente resistenti.

Ciò afferma il mio antagonista nella detta sua prefazione a carte XIL verso il fine e io di buon cuore glie ne concedo benché ciò non venisse a mia notizia se non dopo molto tempo. Gli concedo, dico, che circa al dar fuori per mezzo delle stampe l'errore di Galileo, il Blondello fusse a me di otto anni anteriore; ma che per questo? Fu egli però il primo a scoprirlo e a correggerlo come troppo invero arditamente scrive nel detto luogo il mio avversario? Certo che no; anzi fui io, conforme ò già promesso di provare, anteriore al Blondello di circa due anni almeno. È il vero che la mia opera si pubblicò l'anno 1669 ma leggasi la prefazione di essa, che pure al mio avversario non è ignota, e quivi troverassi come io l'avevo composta intorno a dieci anni innanzi, siccome trovanvisi fedelmente raccontate molte cagioni che fino allora me ne avevano impedita la stampa alle quali io, per degni rispetti, non volli aggiungere la principale, cioè l'essermi stato gioco forza sospenderla molto tempo a cagione del Viviani per non contravvenire alla volontà di quel grande Personaggio che istantemente me ne pregò e che aveva assoluto arbitrio di comandarmi. Che poi io, intorno a tal fatto, scrivessi nella medesima prefazione la pure e mera verità, testimonio, oltre a quello che pubblicò il signor Rossetti nel mentovato suo Antigone, voglio io che prima d'ogni altro mi sia il Signor Borelli mio Maestro.

A
DESCRIPTION
OF
HELIOSCOPES,
And some other
INSTRUMENTS
MADE BY
ROBERT HOOKE,
Fellow of the *Royal Society*.

Hos ego, &c.

Sic vos non vobis——.

LONDON,

Printed by *T.R.* for *John Martyn* Printer to the *Royal Society*, at the *Bell* in St. *Pauls* Church-yard, 1676.

LECTURES

De Potentia Restitutiva,

OR OF

SPRING

Explaining the Power of Springing Bodies.

To which are added some

COLLECTIONS

A Description of Dr. Papins Wind-Fountain and Force-Pump.
Mr. Young's Observations concerning natural Fountains.
Some other Considerations concerning that Subject.
Captain Sturmy's remarks of a Subterraneous Cave and Cistern.
Mr. G. T. Observations made on the Pike of Teneriff, 1674.
Some Reflections and Conjectures occasioned thereupon.
A Relation of a late Eruption in the Isle of Palma.

By ROBERT HOOKE. S.R.S.

LONDON,

Printed for *John Martyn* Printer to the *Royal Society,*
at the Bell in St. *Pauls* Church-Yard, 1678.

HOOKE: LA SCOPERTA DELL'ELASTICITÀ

Per riempire il vuoto di questa pagina ho qui aggiunto die-ci delle cento invenzioni che intendo pubblicare, benché pro-babilmente non nello stesso ordine, appena ne avrò l'opportu-nità, molte delle quali, spero, saranno tanto utili all'umanità quanto ora sono ancora sconosciute e nuove [...]. La vera teo-ria dell'elasticità ed una particolare spiegazione di molti casi nei quali la si può trovare; e il modo di calcolare la velocità dei corpi messi in movimento da essa. Ceiiinosssttuv.

Così al termine di un post scriptum al suo *A description of helioscope and some other instruments*, pubblicato nel 1676, Robert Hooke formula, anagrammandolo, il suo fa-mosissimo *Sic tensio ut vis*.

Robert Hooke (Freshwater, Isola di Waight 1635 - Lon-dra 1703) compì studi irregolari ma le sue singolari atti-tudini gli valsero la nomina a membro della Royal Socie-ty e la cattedra di geometria al Gresham College. Ideò e perfezionò un gran numero di dispositivi e strumenti tra cui lo scappamento ad ancora e l'applicazione della mol-la a spirale al bilanciere degli orologi. Abbozzò in forma imperfetta una teoria sulla interferenza luminosa ed os-servò prima di Grimaldi la diffrazione. Pensò per primo alla possibilità di ricavare l'accelerazione di gravità dallo studio del moto del pendolo. Effettuò numerose osserva-zioni astronomiche. Rivendicò nei confronti di Newton una inesistente priorità sulla scoperta della legge di gravitazione universale di cui aveva avuto solo qualche vaga intuizione.

Nel 1678 Hooke pubblica *Lectures de potentia restitutiva or of spring* in cui scioglie l'anagramma.

La teoria delle molle, benché affrontata da molti eminenti matematici di questa epoca, non è però stata finora pubblicata da nessuno. Sono circa diciotto anni che ne ho nozione ma intendendo applicarla a qualche uso particolare, omisi di pubblicarla. Circa tre anni fa Sua Maestà si compiacque di assistere agli esperimenti che feci di questa teoria a White-Hall. Circa due anni fa pubblicai questa teoria in un anagramma, cioé ceiiinosssttuv, e cioé sic tensio ut vis: che significa che la forza di qualsiasi molla è nella stessa proporzione della tensione: e cioè se una forza la allunga o la flette di una parte, due la fletteranno di due parti e tre di tre e così via. Ora, poiché la teoria è molto breve, il modo di provarla è molto semplice.

Hooke stabilisce dunque la restituzione della deformazione elastica e la linearità della relazione tra carico applicato e deformazione elastica. Quando però si occupa della flessione lo fa solo per illustrare l'elasticità e non per risolvere la teoria della flessione.

Avendo quindi spiegato la più semplice maniera di deformarsi dei corpi solidi, sarà facilissimo spiegare la maniera composta di deformarsi la quale avviene per flessione. Supponendo solo due di queste linee congiunte insieme come GHIA le quali sono inflesse da una forza esterna nella forma LMNO [l'originale riporta, per un evidente refuso, LNNO] LM sarà allungato ed NO accorciato in proporzione alla flessione.

È singolare che Hooke abbia intuito perfettamente il comportamento elastico della trave inflessa, come anche più chiaramente emerge dall'illustrazione che ne traccia, ma non pensa di applicarlo al problema della flessione.

Having thus explained the moſt ſimple way of ſpringing in ſolid bodies, it will be very eaſie to explain the compound way of ſpringing, that is, by flexure, ſuppoſing only two of theſe lines joyned

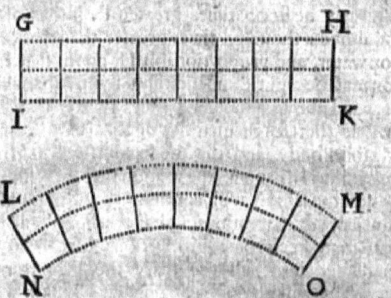

together as at G H I K, which being by any external power bended into the form L N N O, L M will be extended, and N O will be diminiſhed in proportion to the flexure, and conſequently the ſame proportions and Rules for its endeavour of reſtoring it ſelf will hold.

In the next place for fluid bodies, amongſt which the greateſt inſtance we have is air, though the ſame be in ſome proportion in all other fluid bodies.

The Air then is a body conſiſting of particles ſo ſmall as to be almoſt equal to the particles of the Heterogeneous fluid medium incompaſſing the earth. It is bounded but on one ſide, namely, towards the earth, and is indefinitely extended upward, being only hindred from flying away that way by its own gravity, (the cauſe of which I ſhall ſome other time explain.) It conſiſts of the ſame particles ſingle and ſeparated, of which water and other fluids do, conjoyned and compounded, and being made of particles
exceeding

MARIOTTE E LA TRAVE INFLESSA

Edmé Mariotte (Digione 1620 - Parigi 1684) occupa un posto di rilievo nel movimento scientifico del suo tempo soprattutto per l'opera *Essai sur l'air (1676)* in cui raccoglie le sue ricerche sulla meccanica dei gas che lo portarono alla formulazione della legge, nota con il suo nome e con quello di R. Boyle sulla proporzionalità inversa tra pressione e volume di un gas. Si occupò anche di idraulica e le sue ricerche in questo campo costituiscono il *Traité de mouvement des eaux et des autres corps fluides* uscito postumo nel 1686. Si occupò anche di problemi inerenti l'urto tra i corpi nel *Traité de la percussion ou choc des corps* pubblicato nel 1679.

Nel 1660 Mariotte fu incaricato di progettare gli impianti idrici del Palazzo di Versailles. In questa occasione egli iniziò una serie di ricerche sulla resistenza dei materiali e sulla flessione in quanto *i tubi delle condotte rischiano spesso di rompersi specialmente se la condotta attraversa profonde valli.*

I risultati di tali esprimenti si discostavano notevolmente dai valori teorici dedotti dalla teoria formulata da G. Galilei e pubblicata nel 1638 nei *Discorsi e dimostrazioni matematiche intorno a due nuove scienze.* Mariotte individua l'errore di Galilei nell'aver supposto *che la rottura avviene contemporaneamente in tutte le parti* [della sezione]. Egli invece suppone che *i corpi solidi siano fatti da fibre e parti ramose intrecciate le une con le altre che non possono separarsi che per una certa forza [...].* *Che tali parti si estendono più o meno per diversi pesi e che infine esse hanno una estensione che non possono superare senza rompersi.* Le sue ricerche in questo campo formano dunque il secondo discorso del *Traité du mouvemeni dea eaux et des autres corps fluides* pubblicato postumo nel 1686 e che ebbe una seconda edizione curata da La Hire, nel 1718 da cui abbiamo tratto le illustrazioni e le citazioni. Tale secondo discorso è intitolato *De la force des Tuyaux de conduite, et de l'epaisseur qu'il doivent avoir souivant leur matiere et la hauter des riservoirs.*

Per applicare l'ipotesi dell'elasticità al problema della flessione egli adotta lo schema galileiano della leva con fulcro nella base della sezione d'incastro di una mensola alle cui braccia si fanno equilibrio la forza agente e le forze di reazione della sezione ma invece di immaginare la reazione concentrata nel baricentro della sezione, come fa Galilei, la considera prodotta da una serie di cordicelle elastiche. Egli assegna ad FC la lunghezza di dodici piedi, ad AE quattro piedi, ad EC due piedi ed a BC un piede (vedere la quarta figura di questo capitolo). Pertanto se è necessaria una forza R pari a quattro libbre per allungare di due parti la sola cordicella DI, ne saranno necessarie due per allungare della stessa quantità la sola cordicella EL ed una libbra per la HM.

Quindi per un allungamento di due parti della cordicella DI, le altre, considerate ora agenti contemporaneamente, si allungano di una parte e di mezza parte. La forza R per equilibrare tale stato sarà allora di 4 + 1 + 0.25 = 5.25 libbre e per un piccolo aumento della forza R la cordicella DI si romperà e quindi anche le altre perché resistono molto meno che tutte e tre insieme.

Questo schema si può applicare ad una mensola in cui, cioè, le cordicelle rappresentano le fibre della sezione d'incastro. Il peso L dovrà dunque essere, come esemplifica Mariotte, di 16, 12, 8, 4 libbre per rompere separatamente le fibre rispettivamente A, G, I, H.

Ma se A si rompe raggiungendo, ad esempio, un allungamento di sedici parti, le fibre G, I, H saranno in quel momento allungate rispettivamente di 12, 8, 4 parti. Quindi la fibra G si allunga di 3/4 di quanto sarebbe necessario per raggiungere la rottura a quindi contribuisce a sostenere un peso in L di 12 x 3/4 = 9 libbre. Analogamente la fibra I si allunga di 1/2 dell'allungamento di rottura e quindi contribuisce 8 x 1/2 = 4 libbre ed infine la fibra H si allunga solo di 1/4 e quindi contribuisce di 4 x 1/4 = 1 libbra.

Questi numeri costituiscono la serie dei quadrati 1, 2, 4. 16. Mariotte quindi dimostra che la somma di tale serie all'infinito, immaginando cioè il segmento AD diviso in un numero infinito di parti, tende al valore di un terzo del quadrato maggiore per il numero di termini della serie aumentato di uno. Quindi la risultante delle forze della sezione immaginata tutta reagente, può considerarsi concentrata ad un terzo dell'altezza della sezione. Per confermare con l'esperienza il risultato teorico, Mariotte provoca la rottura per flessione di una mensola cilindrica di legno di lunghezza pari a sedici volte il diametro e trova che la forza necessaria è di sei libbre. Ora sottopone un cilindro delle stesse caratteristiche a trazione.

L'esperienza si fa in presenza dei Signori di Carcary di Roberval e di Huyghens aggiungendo pesi di 10 o di 12 libbre uno dopo l'altro ed infine, quando si raggiungano 330 libbre, si ha la rottura nel punto H. Ora se si prende la proporzione di 47 ad 1 (che è un terzo dello spessore) perché il bastone si flette un po' prima di rompersi, il prodotto di 47 per 6 è 282 invece di 330 ma è solo apparenza perché se si fossero messe 300 libbre e si fossero lasciate qualche tempo, come si è fatto con le 6 libbre in I, si sarebbe avuta

TRAITÉ

DU

MOUVEMENT

DES EAUX

ET

DES AUTRES CORPS FLUIDES.

DIVISÉ EN V. PARTIES.

Par feu M. [Edme] MARIOTTE, de l'Academie
Royale des Sciences.

Mis en lumiere par les soins de M. [Philippe] DE LA
HIRE, Lecteur & Professeur du Roy
pour les Mathematiques, & de l'Academie Royale des Sciences.

A PARIS,

Chez ESTIENNE MICHALLET, ruë saint
Jacques, à l'Image S. Paul.

M. DC. LXXXVI.

AVEC PERMISSION.

Appliquons maintenant ces raifonne-
mens au folide A B C D fiché perpendicu-

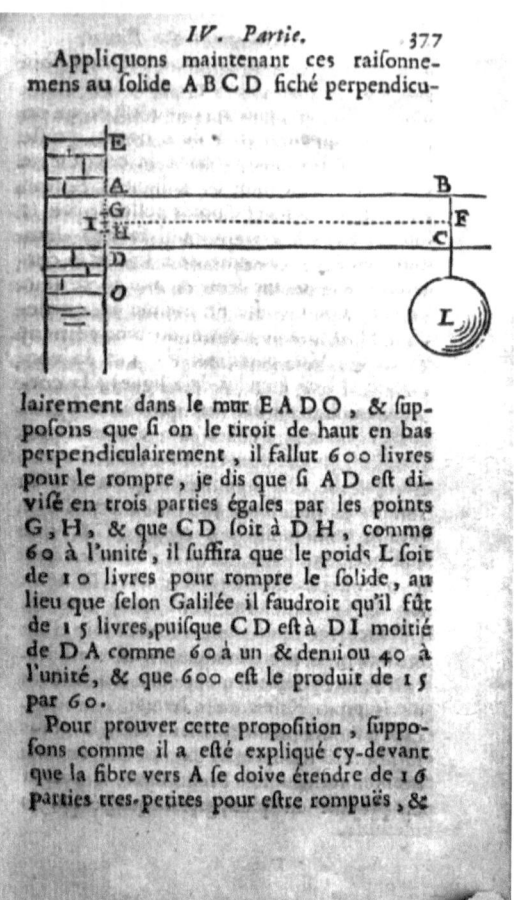

lairement dans le mur E A D O , & fup-
pofons que fi on le tiroit de haut en bas
perpendiculairement , il fallut 600 livres
pour le rompre, je dis que fi A D eft di-
vifé en trois parties égales par les points
G , H , & que C D foit à D H , comme
60 à l'unité , il fuffira que le poids L foit
de 10 livres pour rompre le folide , au
lieu que felon Galilée il faudroit qu'il fût
de 15 livres,puifque C D eft à D I moitié
de D A comme 60 à un & demi ou 40 à
l'unité, & que 600 eft le produit de 15
par 60.

Pour prouver cette propofition , fuppo-
fons comme il a efté expliqué cy-devant
que la fibre vers A fe doive étendre de 16
parties tres-petites pour eftre rompuës , &

*egualmente la rottura ma infine la proporzione è molto più gran-
de di 30 ad 1* [come cioè vuole la teoria di Galilei].

Mariotte ha quindi il merito da aver compreso per primo la funzione dell'elasticità nel problema della flessione.
Egli comprende inoltre che piegando un bastone le fibre *si
rinserrano verso la concavità della curva e si estendono necessariamente verso la convessità prima che si rompa il bastone: da cui
si può concludere che esiste un certo sforzo per esercitare una
compressione dalla parte della concavità.*

forme à ce raifonnement, je fis tour-
ner autour deux morceaux de bois fort
fec, l'un d'eux repréfenté par A B avoit à

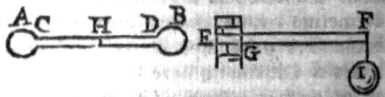

fes extremitez deux petites boules & le
refte C D eftoit uniformément épais de
trois lignes , l'autre E F eftoit en toute fa
longueur épais de 3 lignes ; je mis le bout
de ce dernier jufques au point G dans un
petit trou fait dans une poutre , & il le
rempliffoit exactement , & j'attachay à
l'autre bout un poids de fix livres en F,
la diftance G F eftoit de 4 pouces ou 48
lignes , & par confequent elle eftoit 48
fois plus grande que le tiers de l'époiffeur
du bâton cylindrique G F, puifque ce tiers
n'eftoit que d'une ligne , & felon Galilée
la proportion du poids eftoit augmentée
32 fois , mais le bâton fe courba un peu,
& la diftance ne fut plus que comme 30
à 1 à peu prés, le poids I de fix livres
fufpendu au point F fit rompre le bâton
au point G : Or fi la force de ce poids n'eût
efté augmentée que de 30 fois , il ne devoit faire qu'un effort de 180 livres qui

Tale asserzione invaliderebbe lo schema da lui propo-
sto, il quale non prevede compressione, e suggerirebbe
che l'asse neutro non può coincidere con la base della
sezione come egli invece continua a fare sulla traccia di
Galilei. Ma egli non tiene conto di ciò.

L'errata posizione dell'asse neutro porta quindi ad un
risultato errato, benché per altro l'ipotesi sia corretta,
per cui non si ottiene il valore corretto di 1/6 che si
avrebbe invece nelle circostanze riferite da Mariotte.

diſtance B C eſt triple de C A , il ne fau-
dra que 2 livres en F pour ſoûtenir le poids
H , & une livre ſeulement pour ſoûtenir
le poids I , & par ce moyen un poids de
7 livres en F fera équilibre avec ces 3
poids chacun de 12 livres en G , H & I :
ſi donc on ajoûte un petit poids en F, les
3 poids s'éleveront ; & quoy qu'ils s'é-
levent inégalement , chacun agira par une
peſanteur de 12 livres ſelon leur diſtance
du poids C, mais il n'en eſt pas de meſme
des parties d'un ſolide qui ſe rompt tranſ-
verſalement : & pour le faire voir ,

Suppoſons que F C ſoit de 12 pieds,

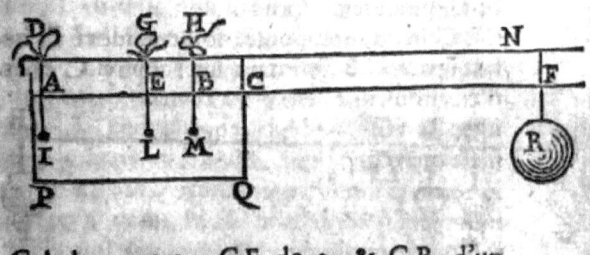

C A de quatre , C E de 2 , & C B d'un
pied , & que le ſolide A D C N ſoit joint
au ſolide A C P Q inébranlable, par les 3
cordelettes égales & également fortes DI,
G L , H M , un peu tenduës qui paſſent
au travers de petits trous dans le ſolide
A C P Q & noüées par deſſus l'autre,
comme on le voit en la figure ; ſoit encore

Bisogna inoltre osservare che Mariotte formula una
teoria elastica che poi confronta con i risultati ottenuti
per rottura del campione dove la teoria elastica non è
più applicabile.

LEIBNIZ E LA TRAVE PARABOLICA

La meccanica è divisa in due parti: una si occupa del movimento, l'altra della resistenza ovvero della stabilità dei corpi. Archimede, che degli antichi matematici fu il solo ad occuparsi di meccanica, non si occupò di questa parte. Dopo Archimede nulla è stato fatto nella geometria meccanica fino a Galileo il quale con retto giudizio e solida preparazione geometrica varcò i confini della scienza per primo e cominciò a trattare della resistenza dei solidi tramite le leggi della geometria.

Cosi Gottfried Wilhelm von Leibniz, il notissimo filosofo e matematico, inizia il suo saggio *Demonstrationes novae de resistenza solidorum* pubblicato nel luglio 1684 sugli *Acta Eruditorum*. Gli *Acta Eruditorum* fu uno dei primi periodici, scientifici. Fu fondato da O. Mencke, professore di Lipsia, e pubblicato dal 1682 al al 1745. Scritto in latino, aveva lo scopo di tenere al corrente i dotti delle novità scientifiche e letterarie europee. Le pagine degli *Acta Eruditorum* videro scritti scientifici di importanza eccezionale tra cui, nello stesso 1684, lo studio con cui lo stesso Leibniz gettò le fondamenta del calcolo infinitesimale.

Gottfried Wilhelm von Leibniz (Lipsia 1646 - Hannover 1716) dopo aver studiato a Lipsia filosofia, matematica a Jena e diritto ad Altdorf, ebbe incarichi a Parigi e poi a Londra che gli permisero di conoscere le più spiccate personalità della scienza e della filosofia del tempo. Tornato in Ger-

Robertum conficta, sub Goffridi Vindocinensis nomine a *Roscelino* hæretico compositam statuerunt, quorum rationes Alexander noster discutit, & nullius esse ponderis demonstrat, prædictum Johannem a Manu Firma graviter reprehendens, quod *Jacobum Sirmondum*, qui eam epistolam una cum reliquis Goffridi Vindocinensis operibus fideliter edidit, impietatis & imprudentiæ postulare minime dubitaverit. Alteram vero epistolam, quæ sub *Marbodi Redonensis* nomine ad Robertum de Arbrisello scripta circumfertur, cum reliquis ejus operibus excusam, mendaciis & calumniis scatere judicat, nec graves conjecturas éeesse statuit, quæ autorem illius epistolæ dubium faciant.

Sextæ dissertationis, quæ secundum hoc undecimi & duodecimi seculi volumen claudit, argumentum est *Concilium Lateranense II*, ab Innocentio II convocatum, cujus historiam Autor ad tria capita revocat, quorum primo schisma *Petri Leonis* recensetur, secundo *Petrobusiani* & *Arnaldistæ* denuo damnati perhibentur, tertio canones ad instaurandam disciplinam ecclesiasticam conditi referuntur, nonnulli etiam, ut decimus de decimis, undecimus & duodecimus de treuga & pace, decimus tertius de usuris, & decimus sextus de beneficiis hæreditariis, collatis Patrum dictis & aliorum conciliorum decretis illustrantur.

DEMONSTRATIONES NOVÆ DE RESISTENTIA
Solidorum, autore G. G. L.

Scientia Mechanica duas videtur habere partes, unam de potentia Tab IX. agendi seu movendi, alteram de potentia patiendi seu resistendi, sive de corporum firmitate. Harum posterior a paucis admodum tractata est. Archimedes, qui prope solus veterum Geometram in Mechanicis egit, hanc partem non attigit. Inde ab Archimede nihil fere actum est in Geometria Mechanica usque ad Galilæum, qui exacto judicio magnaque interioris Geometriæ notitia instructus, pomœria scientiæ protulit primus, idemque solidorum resistentiam ad Geometriæ leges revocare cœpit. Et quanquam neque hic, neque circa motum projectorum rem acu tetigerit, usus hypothesibus non satis certis, ex fundamentis tamen positis recte ratiocinatus est. Sic ergo ille sentit de resistentia trabium, quæ muris vel parietibus insiguntur
tur

mania ebbe il periodo della maggior produzione scientifica e filosofica: *Meditationes de cognitione, veritate et ideis* (1684), *Discours de metaphysique* (1685). *Sur la question si l'essence du corps consiste dans l'étendue* (1691). *Système noveau de la nature et de la communication des substances* (1695). *Considerations sur la dottrine d'un esprit universel* (1702). *Noveau essais sur l'entendement humains* (1704). *Essais de théodicée* (1710), *Monadologie* (1714). *Principes de la nature et de la grâce* (1714).

Nel tempo stesso in cui componeva queste opere, portava importanti contributi alla soluzione di problemi scientifici e matematici. Già negli anni giovanili la cultura matematica di Leibniz era vasta come dimostra la *Dissertatio de arte combinatoria* ma solo da C. Huygens, che incontrò nel 1672 in Francia e di cui resterà amico per tutta la vita, Leibniz apprese la grande importanza della nuova scienza, *l'analisi dell'infinito,* che andava sviluppandosi e nella quale pervenne a quella elaborazione di metodi semplici e generali per la trattazione di problemi infinitesimali pubblicati nel 1684 in una memoria dal titolo *Nova methodus pro maximis et minimis,* che fanno di lui, insieme con Newton, uno dei fondatori del moderno calcolo infinitesimale.

Il saggio di Leibniz di cui abbiamo riportato l'inizio, continua dunque con una breve esposizione dei risultati ottenuti da Galilei nel suo *Discorsi e dimostrazioni matematiche intorno a due nuove scienze.* pubblicato nel 1638, sul problema della flessione. Tali risultati vengono subito criticati: *ma Mariotte, della Accademia Reale. noto nel campo della ottica e della meccanica, in seguito ad esperimenti ha costatato che un peso F molto minore di quanto vuole Galilei è sufficiente a rompere la trave.*

Infatti in seguito all'incarico ricevuto nel 1660 di progettare gli impianti idrici di Versailles, Edme Mariotte iniziò una serie di ricerche sulla resistenza dei materiali. La pubblicazione definitiva di tali ricerche uscì postuma

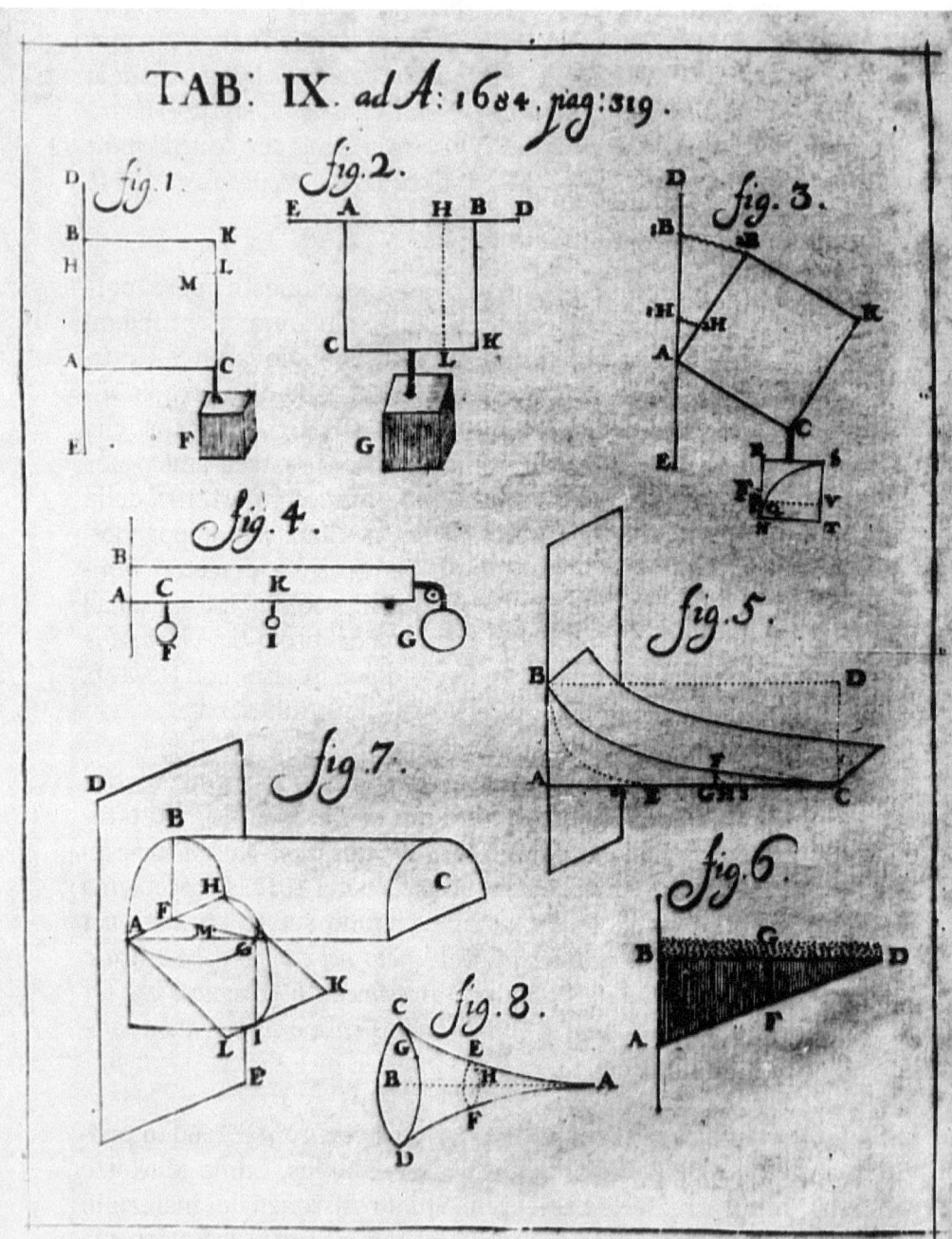

TAB: IX. ad A: 1684. pag: 319.

nel 1686 nel secondo discorso del suo *Traité du mouve-ment des eaux et des autres corps fluides*. La forza F applica-ta alla estremità libera di una mensola di forma quadra-ta, in cui cioè la lunghezza è uguale all'altezza, è, secon-do Galilei, sufficiente a rompere la mensola se è la metà della forza G necessaria a romperla non per flessione ma per trazione semplice. Secondo Galilei infatti la reazione si può considerare concentrata al centro della sezione rea-gente ed applicata a un estremo di una leva alla cui altra estremità è invece applicata la forza F che provoca la rottu-ra. Quindi i due bracci della leva sono uno il doppio dell'altro per cui la forza necessaria a rompere il solido per flessione è, sempre secondo Galilei, la metà di quella necessaria a rom-perlo per trazione.

I risultati sperimentali non confermavano dunque l'i-potesi di Galilei, e Leibniz continua: *la causa di ciò non può essere altra che il considerare la trave perfettamente rigida che in un solo momento tutta si rompa appena la sua resistenza venga superata, benché tutti i corpi di cui ci dobbiamo occupare cedono alquanto prima di essere divelti. Da ciò Mariotte ha espresso con un calcolo ingegnoso questa osservazione concludendo che il peso F deve essere la quarta parte del peso G. Ma poiché ho avuto occa-sione di esaminare la cosa con più accuratezza e rispettando le leg-gi geometriche arguii la vera proporzione e la dimostrai tra le altre cose trovando che il peso F deve essere la terza parte del peso G e quindi che la resistenza del corpo alla rottura è una volta e mezza di quanto vuole Galilei. Per comprendere ciò bisogna innanzitutto sapere che a causa della coerenza due corpi non possono essere completamente divisi in un solo momento come è dimostrato da un bastoncino che si flette prima di rompersi e dall'esempio della corda che si allunga prima di rompersi e la stessa flessione del ba-stoncino è una estensione della sua superficie convessa. Dalla na-tura del suono consegue che non vi è nulla di tanto rigido che non si fletta sotto una forza anche lieve; natura del suono che è un cer-to tremore o meglio la flessione alternata delle parti del corpo che suona per cui tanto più rapida e lieve è la restituzione e più acuto*

il suono quanto più le parti in vibrazione sono corte e tese e costi-
tuiscono un corpo più duro.

Quindi Leibniz espone la propria teoria. *Consideriamo*
dunque come una sorta di fibre ciò che connette le parti dei corpi
e comprendiamo che la trave BC è vincolata alla parete o al soste-
gno DE da molteplici intrecci di fibre nei punti A, H, B ed in altri in-
numerevoli punti intermedi. Appeso dunque il peso F, la trave si
muoverà un poco intorno al fuoco A, in figura 3 ed il punto B della
trave scendendo dal punto 1B della parete giunge al punto 2B di-
stante dalla parete, traendo con sé la fibra che lo vincola alla pare-
te, la tende come una corda ovvero la estende oltre il suo naturale
nella linea 1B2B. Nello stesso modo il punto H tende la sua fibra in
1H2H. Queste linee mostrano chiaramente che le fibre 1H2H offrono
una resistenza alla trazione minore della fibra 1B2B e ciò secondo il
doppio rapporto (leggi: il quadrato) *della distanza da A. Infatti se*
il peso in C dovesse tendere la fibra 1H2H quanto la fibra 1B2B si ri-
chiederebbe di meno al peso per tendere la fibra 1B2B secondo il
rapporto tra AH ed AB [...]. E così, secondo una ipotesi altrove
dimostrata, che cioè le estensioni sono proporzionali alle forze di
tensione, [...] in questa simultanea tensione di tutte le fibre esi-
stenti in qualsiasi punto le resistenze saranno ovunque in doppio
rapporto alle distanze assunte dal fulcro in basso [...]; con ciò la
resistenza in H sarà a quella in B come il quadrato di AH al qua-
drato di AD. E quindi [...] il triangolo parabolico concavo NRSQN
rappresenterà la resistenza di tutta la linea AB.

Si noti che nella figura originale, qui riprodotta, la
rappresentazione dell'andamento delle tensioni di reazione è inserita nel quadrato che costituisce la forza
agente solo per un motivo di rappresentazione tra l'altro
cosi lontano dalla rappresentazione moderna da essere
certamente significativo ma certamente oggi di più diffi-
cile interpretazione. (fig 3).

Ma il quadrato RNTS circoscritto al triangolo parabolico
rappresenta la resistenza della stessa linea AB se la trave viene

direttamente strappata dalla parete [...]. Infatti se si strappa la trave direttamente [...] la resistenza è uguale in ogni punto quindi la resistenza nel punto H sarà PV, eguale a RS, e così procedendo nei punti restanti si completerà il quadrato RT il quale è il triplo del triangolo parabolico concavo inscritto e cioè NRSQN e quindi la resistenza diretta di qualsiasi linea retta sarà il triplo di quella trasversale. Come si voleva dimostrare.

Leibniz ha cioè correttamente ottenuto il valore di quello che oggi chiameremmo modulo di resistenza W, ma lo ha ottenuto rispetto all'asse A e quindi ancora il doppio del valore esatto. Galilei aveva ottenuto cioè $W = bh^2/2$, Leibniz ottiene $bh^2/3$ mentre il valore esatto è $bh^2/6$ con b ed h base ed altezza della sezione rettangolare. Antoine Parent dovrà individuare, nel 1713, finalmente la posizione dell'asse neutro perché si abbia la corretta interpretazione del problema della flessione ed insieme l'esatta valutazione del modulo di resistenza.

Leibniz si propone ora un problema che Galilei non si era posto. *Abbiamo considerato in precedenza la trave priva di peso.* Quindi si pone il problema interessantissimo di determinare la forma della trave ad uniforme resistenza sottoposta al solo peso proprio. Un problema quindi squisitamente di progettazione.

Ci si chiede allora quale deve essere la linea BFC affinché le resistenze siano proporzionali ai pesi propri e la trave resista egualmente in ogni punto, e troveremo che dovrà essere parabolica.

Con riferimento alla figura 9.5 della illustrazione originale qui riprodotta, e seguendo la dimostrazione di Leibniz, i pesi delle sezioni paraboliche FGC ed ABC sono rispettivamente FG x GG / 3 ed AB x AC / 3 e, poiché per ipotesi BFC è una parabola con vertice in C, sarà anche $FG=CG^2$ ed $AB=AC^2$ per cui i pesi risultano ancora rispettivamente $GC^3/3$ e $AC^3/3$. I momenti rispettivamente in G ed in A di questi pesi saranno dunque $GC^4/12$ ed $AC^4/12$ e quindi, in definitiva, i momenti saranno in ogni sezione della trave proporzionali alle quarte potenze delle distanze dall'estremo libero della trave. Ma tali distanze sono a loro volta i quadrati delle altezze delle sezioni per cui si può infine affermare che i momenti sono proporzionali ai quadrati delle altezze delle sezioni. Poiché le *resistenze* sono anche esse proporzionali ai quadrati delle altezze delle sezioni, ecco che la trave è ad uniforme resistenza.

In qualunque punto si consideri la trave qui raffigurata, se non si romperà il muro per il suo peso, non si romperà altrove. Inoltre essendo la trave prismatica parabolica CABC la terza di quella piena CDBA, e quindi il peso ridotto ad un terzo, e la distanza del centro di gravità ridotto da AG alla sua metà e cioè A2, la trave parabolica sarà più resistente di sei volte di quella piena.

Ora Leibniz affronta un altro nuovo problema di progettazione e cioè individuare la forma della mensola ad uniforme resistenza sottoposta ad un carico uniformemente distribuito.

Se si trascurerà il peso proprio della trave sottoposta alla forza dell'acqua o del vento o di tutto ciò che si distribuisce uniformemente per tutta la lunghezza della trave, come nella figura 6 [...] 1a trave ABD infissa nel muro è sottoposta al peso del frumento o di altra materia, tale trave potrà essere triangolare con linea AD retta e sarà egualmente resistente al peso imposto così che, se il muro non si romperà, la trave non si potrà rompere in altri punti. Infatti dalle note leggi della meccanica il momento del peso agente su GD sta al momento del peso agente su BD come il quadrato di CF sta al quadrato di BA e quindi come la resistenza in GF sta alla resistenza in BA.

La memoria di Leibniz termina con una *Additio* in cui considera una mensola non a larghezza costante, bensì costituita da un solido di rivoluzione.

Se ci si chiede quale conoide sia di egual resistenza sotto il solo peso proprio, la tromba parabolica soddisfa questa condizione. Sia in figura 8 la AEC una linea parabolica con vertice in A ed AB la tangente al vertice intorno alla quale, come ad un asse, ruoti la linea parabolica per formare la tromba AECGDFA. Assunta dunque una altra porzione AEHFA della tromba, poiché la resistenza delle basi, ovvero dei circoli CGD, EHF sono proporzionali ai cubi dei diametri CD, EF si trova che anche i momenti delle porzioni AECGDFA e AEHFA, per la natura della parabola, sono proporzionali ai cubi CD, EF.

VARIGNON E LA RICERCA DELLA FORMA

Nei *Discorsi e dimostrazioni matematiche intorno a due nuove scienze,* pubblicato per la prima volta a Leida nel 1638. Galilei affronta per primo il problema della flessione. Egli descrive il fenomeno tramite una leva, con fulcro nel lato inferiore della sezione incastrata della mensola, ad un estremo della quale agisce un peso applicato all'estremo libero della mensola e dall'altra la reazione. dovuta alla resistenza di tutte le fibre, che egli considera concentrata nel baricentro della sezione.

Successivamente Mariotte, nel suo *Traité du Mouvement des eaux er des autres corps fluides.* pubblicato postumo nel 1686, suppone invece che le fibre non reagiscano tutte in egual misura ma in proporzione ai loro allungamenti tanto maggiori quanto più le fibre distano dall'asse di equilibrio, e cioè dall'asse neutro, che egli però continua a considerare coincidente con il lato inferiore della sezione.

Pierre Varignon il 24 marzo 1702 presenta una memoria alla *Academie Royale des Sciences* intitolata *De résistance des solides en général pour tout ce qu'on peut faire d'hvpothéses touchant la force ou la ténacité des Fibres des Corps à rompre; Et en particulier pour les hypothèses de Galilée et de M. Mariotte.*

Pierre Varignon (Caen 1654 - Parigi 1722) compi studi di matematica a Parigi. Il suo *Projet d'une nouvelle mécanique* (1682) lo rivela originale ed acuto investigatore. Professore di matematica, membro dell'Accademia delle

HISTOIRE
DE
L'ACADEMIE
ROYALE
DES SCIENCES.

Année MDCCII.

Avec les Memoires de Mathematique & de Physique,
pour la même Année.
Tirés des Registres de cette Academie.

A PARIS,
Chez JEAN BOUDOT, Imprimeur Ordinaire du Roy, & de
l'Academie Royale des Sciences, rue S. Jacques au Soleil d'or,
proche la Fontaine S. Severin.

M DCCIV.
AVEC PRIVILEGE DU ROY.

Scienze, si dedicò particolarmente a ricerche di statica. In un'altra sua opera, la *Nouvelle Mécanique*, figura la lettera inviatagli da Giovanni Bernoulli (1717) nella quale si trova enunciato nella sua generalità il principio dei lavori virtuali.

Sostenitore dei *nuovi* metodi dell'analisi infinitesimale, si occupò anche di svariate questioni di analisi e di geometria trovando tra l'altro nuove curve tra cui la spirale iperbolica e ritrovandone altre tra cui la spirale di Torricelli, cui per primo diede il nome di spirale logaritmica. Notissimo il suo teorema: se le forze di un dato sistema sono applicate in uno stesso punto *A*, il momento risultante del sistema coincide col momento del risultante applicato in *A*.

Pierre Varignon nella memoria citata dà una formulazione generale del problema della flessione atta a descrivere sia l'ipotesi di Galilei che quella di Mariotte. E ciò perché l'ipotesi di Mariotte, benché più verosimile, non era ancora completamente accolta. La formulazione di Varignon non è importante di per sé in quanto non apporta nulla di nuovo alla spiegazione del fenomeno della flessione, ma è storicamente interessante in quanto interpreta le incertezze ancora esistenti sul problema ed inoltre contiene alcuni aspetti metodologici significativi. Egli introduce una generica curva *GK* che rappresenta l'andamento di quelle che oggi chiameremmo le tensioni nella sezione, per cui esprime il rapporto tra la forza Q necessaria a rompere la trave per trazione assiale e quella *P* necessaria a romperla per flessione, tramite la relazione:

$$P = \frac{Q * \int HD * HK * EF * HH}{DT * GB * \int EF * HH}$$

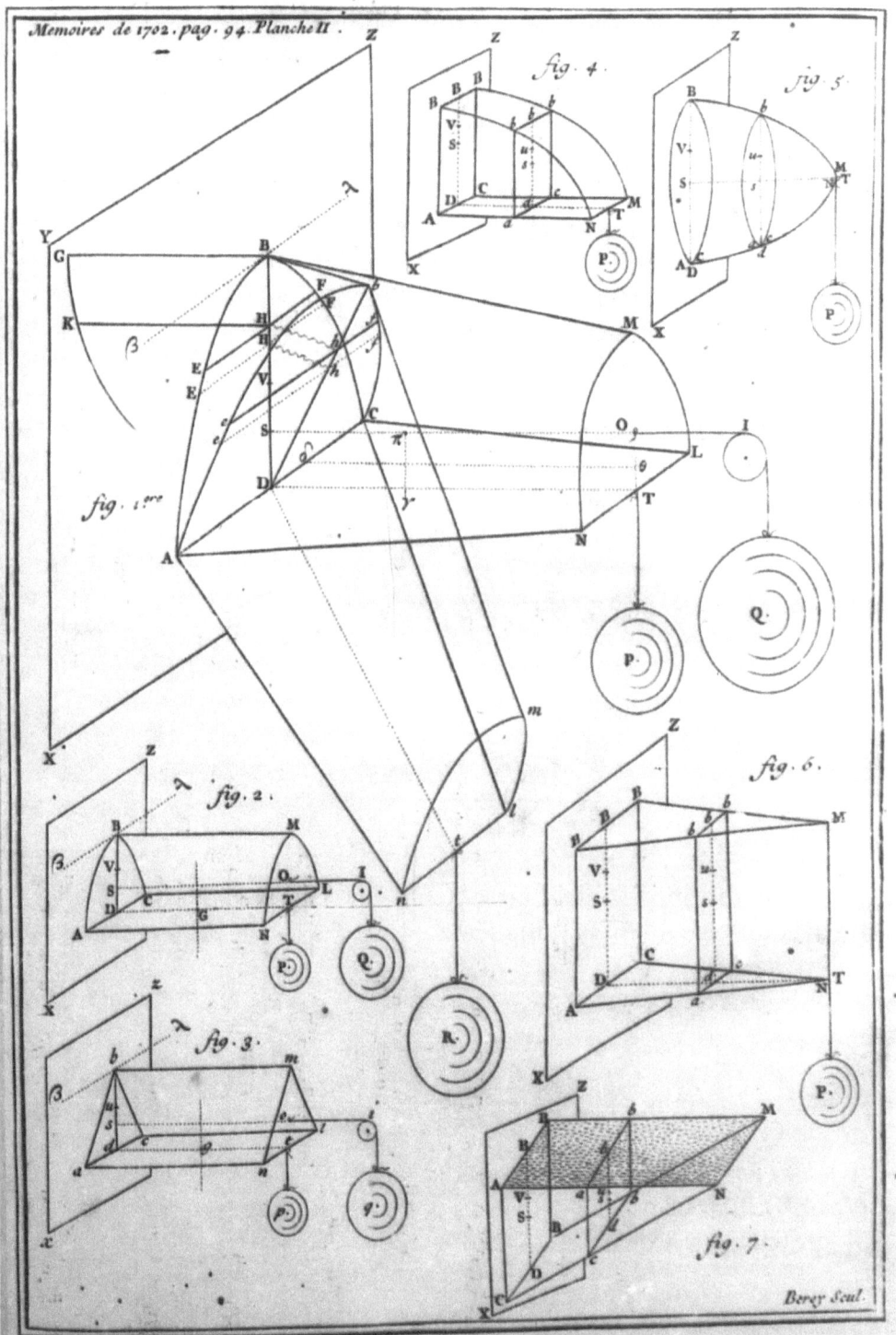

fig. 4.

fig. 5.

fig. 1.ere

fig. 2.

fig. 3.

fig. 6.

fig. 7.

Berey Sculp.

Si noti subito che egli, introducendo per la prima volta gli integrali, non si riferisce a sezioni geometricamente regolari, come era stato fatto finora, ma ad una mensola di sezione qualsiasi e tale generalizzazione è uno dei primi aspetti significativi del suo contributo.

L'espressione generale di Varignon si applica dunque all'ipotesi di Galilei se si assume per la curva GK una linea retta parallela a BD mentre si applica all'ipotesi di Mariotte se per la curva GK si assume una linea retta passante per AC ed inclinata.

In questo consiste la ingegnosità della formulazione di Varignon. Nel caso dell'ipotesi di Galilei, poiché HK = BG, l'espressione generale diviene:

$$P = \frac{Q * \int HD * EF * HH}{DT * \int EF * HH}$$

ed ancora, poiché

$$\frac{\int HD * EF * HH}{\int EF * HH}$$

è la distanza DS del baricentro della sezione dall'asse di equilibrio AC, si ha semplicemente:

$$P = \frac{Q * DS}{DT}$$

che è appunto l'ipotesi di Galilei.

Nel caso invece dell'ipotesi di Mariotte, poiché BG : BD = HK : HD, essendo GK una linea retta per D, l'espressione diviene semplicemente:

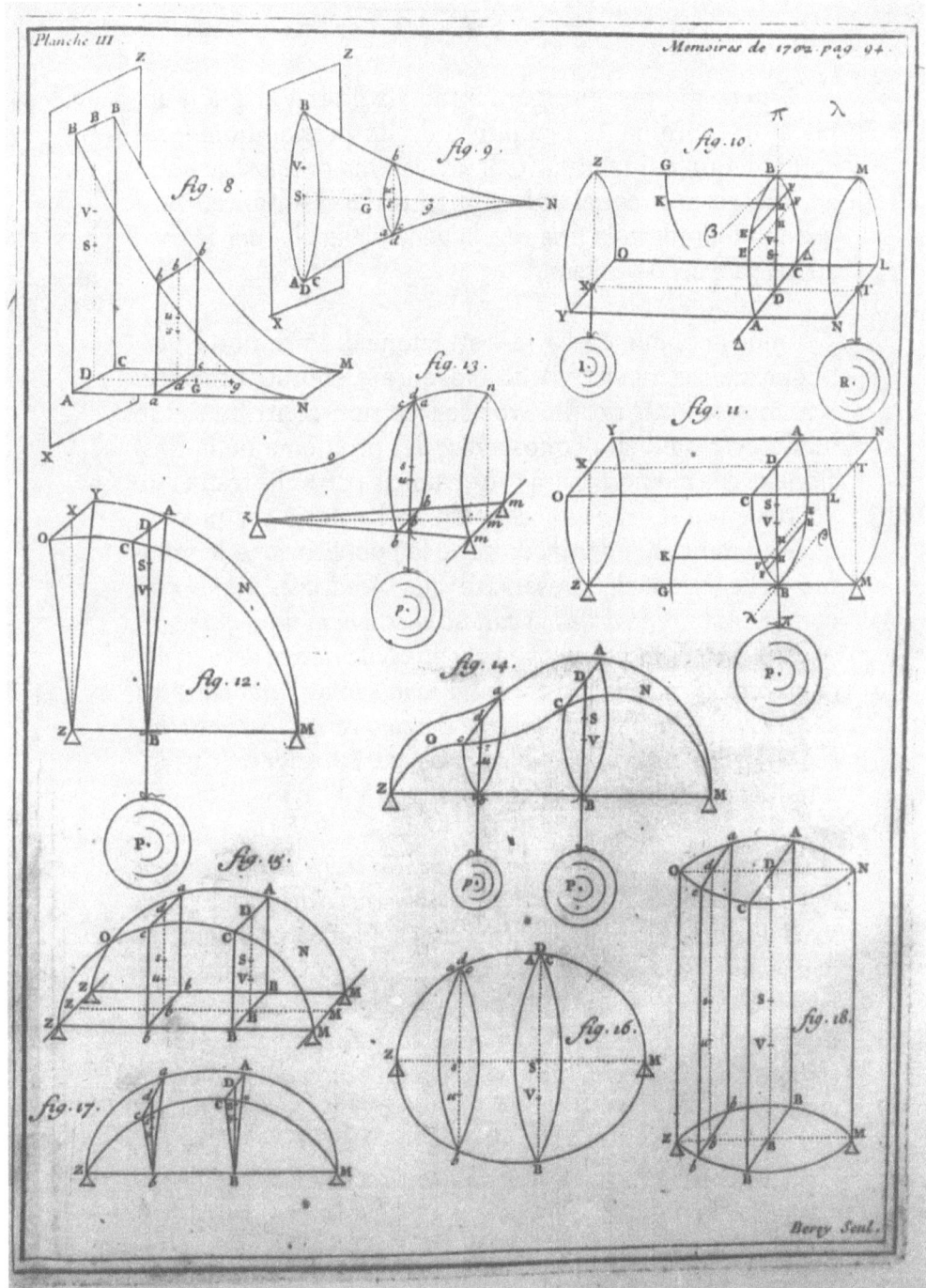

fig. 8.

fig. 9.

fig. 10.

fig. 13.

fig. 11.

fig. 12.

fig. 14.

fig. 15.

fig. 16.

fig. 18.

fig. 17.

Bercy Scul.

65

$$P = \frac{Q * DS * DF}{DT * ED}$$

Si noti che per giungere a tali risultati Varignon applica un teorema, che appunto da lui prende nome, secondo il quale il momento di un sistema di forze rispetto ad una retta è eguale al momento del risultante. Varignon quindi formula una regola generale anche per le travi appoggiate ai due estremi.

Come abbiamo detto, la trattazione di Varignon è particolarmente ingegnosa ed elegante e soprattutto interessante sotto il profilo storico, ma non contribuisce in modo originale alla conoscenza del problema della flessione. Nella memoria però vi è un'ampia parte che tratta i solidi di eguale resistenza. Tale parte, nella storia che precede quale commento ed introduzione la pubblicazione in volume delle memorie presentate alla *Academie,* viene cosi commentata: *Una delle più curiose questioni in tutta questa ricerca, e quella che può essere la più utile, è la ricerca della forma di un corpo perché la resistenza sia eguale in ogni sua parte sia che sia considerato privo di peso e caricato con un peso esterno, sia che debba sostenere il suo proprio peso.* E Varignon cosi infatti introduce l'argomento:

Insieme al corpo che Galilei ha scoperto essere dappertutto di eguale resistenza all'esser rotto per la sola azione di un peso sospeso ad una delle estremità mentre l'altra è fissata orizzontalmente in un muro, vi sono invece tre corpi, che considero senza peso, che hanno la stessa proprietà [...] Il primo è il cuneo parabolico di Galileo, il secondo è uno sferoide descritto dalla rivoluzione di una parabola cubica intorno al suo asse ed il terzo è un cuneo puramente rettilineo.

Quindi considera la mensola a profilo parabolico già scoperta da Galilei.

Sia P il peso più grande che tale corpo considerato privo di peso, possa sostenere senza rompersi in nessuna delle basi ABC, abc parallele alla direzione di tale peso. Siano infine S ed s i centri di gravità di tali basi (figura 4 dell'illustrazione originale). Tali parallelogrammi ABC, abc con la stessa base per entrambi per ipotesi, e la natura della parabola BbN, comportano ABC • SD : abc • sd =AB^2 : ab^2 =AN : aN = TD : Td.

Nelle citazioni abbiamo impiegato la usuale notazione leibniziana per le proporzioni invece di quella usata nel testo e cioè: *a.b: :c.d* che avrebbe appesantito la lettura.

ABC, abc sono dunque le aree delle sezioni reagenti con la stessa base e pertanto proporzionali alle altezze *DB, db*. Ma anche *SD, sd* sono proporzionali alle altezze per cui *ABC • SD : abc • sd* = $AB^2 : ab^2$.

Per la *natura della parabola* si ha ancora $AB^2 : ab^2$ = AN : aN e poiché *AN*= TD ed *aN* = Td si ha infine *ABC • SD : abc • sd* = TD : Td che esprime la condizione di equilibrio delle generica sezione. Infatti Varignon aveva già dimostrato, all'articolo XV della sua memoria, che per l'ipotesi di Galilei:

$$P = \frac{Q*SD}{TD} \qquad p = \frac{q*sd}{td}$$

e quindi:

$$P:p = \frac{Q*SD}{TD} \quad : \quad \frac{q*sd}{td}$$

Ma Q e q sono proporzionali alle aree ABC, abc delle sezioni e quindi

$$P : p = \frac{ABC * SD}{TD} : \frac{abc * sd}{td}$$

Le sezioni sono però soggette allo stesso peso e quindi

$P = p$ per cui $ABC \cdot SD : abc \cdot sd = TD : td.$

Dunque questo solido sarà ovunque di eguale resistenza ad essere rotto per la sola azione del peso P. È interessante confrontare questa dimostrazione con quella di Galilei per vedere lo sviluppo del concetto moderno della dimostrazione.

Ora Varignon passa a considerare il solido di rivoluzione generato da una parabola cubica.

Tale corpo si considera senza peso e caricato e vincolato come il precedente e si troverà ancora ovunque di eguale resistenza ad essere rotto dall'azione del peso P. Poiché i centri di gravità S ed s delle basi circolari di rottura ABC, abc sono anche i centri geometrici, si avrà $ABC \cdot SD : abc \cdot sd = SD^3 : sd^3$ e, per ipotesi, $SD^3 : sd^3 = ST : sT$. Dunque $ABC \cdot SD : abc \cdot sd = ST : sT$ e per la dimostrazione precedente dell'art. XV la mensola è ad uniforme resistenza.

Infine sia il prisma o cono rettilineo ABCNM con facce triangolari orizzontali ACN o ACT o BBM, considerato senza peso, caricato e vincolato come i solidi precedenti: tale cuneo sarà ancora ovunque di eguale resistenza ad essere rotto per la sola azione del peso P.

Siano S ed s i centri di gravità dei parallelogrammi ABC, abc della stessa altezza ed entrambi paralleli alla direzione del peso P, si avrà che $ABC \cdot SD : abc \cdot sd = TD : Td$. Dunque (art. XV) questo cuneo rettilineo sarà ancora ovunque egualmente resistente.

Infatti *TD = sd* e quindi le aree ABC, abc delle sezioni sono proporzionali alle basi *BB ,bb* che a loro volta sono proporzionali ai segmenti *TD, Td.*

Varignon considera ora la mensola triangolare sottoposta questa volta ad un carico uniformemente distribuito.

In questo caso il peso sul cuneo ABCNM e sulla parte abcNM stanno come AM ad aM ed AN ad aN. E le loro distanze, o quelle dei loro centri di gravità dagli assi di equilibrio CB, cb stanno ancora come AN ad an ed i loro momenti saranno come AN^2 ad aN^2 i quali, sostituiti al posto di P • TD, p • td nella proposizione (art. XV) P • TD : p • td = ABC • SD : abc • sd, daranno $AN^2 : aN^2$ = ABC • SD : abc • sd nel caso di equilibrio o di eguale resistenza nelle basi di frattura A BC, abc al carico supposto.

Quindi Varignon considera la mensola sottoposta al solo peso proprio, descritta da una parabola con vertice in N e tangente al vertice costituita dall'asse verticale AN. Per la dimostrazione segue lo stesso procedimento appena impiegato.

Dunque *si avrà ABM • GD : abM • gd = AB •AN • GD : ab • aN • gd = AB • AN^2 : ab • aN^2 (per la natura della parabola) = AB^2 : ab^2 = ABC • SD : abc sd. Dunque il cuneo parabolico ABM sarà dovunque di egual resistenza ad essere rotto per il proprio peso.*

Il secondo corpo che dico essere ancora di eguale resistenza ad essere rotto per il peso proprio è ancora un solido parabolico ABN ma è formato dalla tromba descritta dalla rivoluzione della parabola AaN. Si avrà ANB • SG : aNb • sg = ABC • SN • SG : abc • sN • sg = ABC • SN^2 : abc • sN^2 (per la natura della parabola AaN) = ABC • SD : abc • sd = SD^2 : sd^2. Quindi anche questo solido, per l'articolo XV, sarà di eguale resistenza.

Dopo aver considerato le mensole ad uniforme resistenza, Varignon considera anche le travi ad uniforme resistenza appoggiate agli estremi.

La trave a profilo semicircolare o semiellittico ad uniforme resistenza per un carico uniformemente distribuito, era già stata descritta da F. Blondel nel 1661 ed in seguito da A. Marchetti nel 1669. Però Varignon non cita questi precedenti.

Varignon affronta anche questa dimostrazione con il procedimento adottato sistematicamente per le altre dimostrazioni. Egli stabilisce cioè una proporzione tra i momenti flettenti nelle sezioni d'incastro ed in una sezione generica e dei segmenti individuati dalla geometria della figura per giungere alla proporzione che esprime l'equilibrio di tali sezioni alla stessa forza agente e quindi alla conclusione che in ogni sezione sono esattamente in equilibrio le forze di reazione e la forza agente per cui in ogni sezione si ha una *eguale resistenza*.

Egli pone cioè

ABC • SD : abc • sd = AB^2 : ab^2 = MB • BZ : Mb • bZ

da cui trae:

$$\frac{ABC*SD}{MB*BZ} = \frac{abc*sd}{mb*bz}$$

Quindi applica una dimostrazione illustrata poco prima secondo la quale, nell'ipotesi di Galilei per le travi appoggiate ai due estremi, poiché

$$P = \frac{Q*MZ*SD}{MB*BZ}$$

si ha immediatamente per due sezioni generiche reagenti alla stessa forza:

$$\frac{ABC*SD}{MB*BZ} = \frac{abc*sd}{mb*bz}$$

Poiché tale ipotesi è verificata, il solido è ad uniforme resistenza.

Quindi Varignon estende la dimostrazione, in modo del tutto analogo, alla trave dal profilo costituito da una intera ellissi. Poi, con dimostrazione analoga alla precedente, dimostra l'egual resistenza, sempre per un carico uniformemente distribuito, di una trave a sezione triangolare, invece che rettangolare come la precedente, ed infine di un cilindro con le basi formate da due parabole.

Infine Varignon ricorda che le dimostrazioni sono state fatte secondo l'ipotesi di Galilei ma che Leibniz, in una memoria del luglio 1684 pubblicata sugli Acta Eruditorum, ha dimostrato che i due solidi parabolici sono di egual resistenza anche secondo l'ipotesi di Mariotte. E così, seguita, si può dimostrare che per gli altri solidi in figura.

Leibniz nella memoria citata aveva trattato anche della mensola ad eguale resistenza sotto l'ipotesi di Mariotte, sottoposta ad un carico uniformemente distribuito, ma Varignon non cita questo precedente.

Va notato che tutti i solidi considerati hanno le sezioni generiche simili tra loro e quindi, poiché nelle dimostrazioni si fa sempre uso di proporzioni per entrambe le ipotesi, di Galilei e di Mariotte, si avranno gli stessi risultati qualitativi in quanto cambia, nelle due ipotesi, solo il punto di applicazione della risultante delle tensioni nella sezione.

Nell'ipotesi di Galilei, per fare un esempio, il modulo di resistenza W di una sezione rettangolare di base b ed altezza h è $W = bh^2/2$ mentre nell'ipotesi di Mariotte è $W = bh^2/3$. Il modulo di resistenza esatto, ed a cui si è giunti solo con la determinazione, dovuta a A. Parent nel 1713, della posizione dell'asse neutro, è infine $W = bh^2/6$. E poiché la posizione dell'asse neutro non altera, nelle ipotesi appena fatte, la validità del procedimento, i risultati ottenuti sono qualitativamente esatti.

à 12ʰ 12' 0" Fin de l'Eclipse obſervée avec une Lunette de 6 pieds.

Auſſi-tôt aprés la fin de l'Eclipſe on obſerva avec un
quart-de-cercle de deux pieds de rayon, quelques hau-
teurs du petit Chien, pour regler la pendule à ſecondes
& déterminer l'heure veritable des Obſervations telle
qu'elle eſt marquée cy-deſſus. La différence des Meri-
diens qui eſt entre Verſailles & l'Obſervatoire Royal
ayant été déterminée géometriquement par des Trian-
gles de 0' 50" dont Verſailles eſt plus à l'Occident. La
fin de l'Eclipſe a dû arriver à Paris ſuivant la premiere
détermination obſervée avec une Lunette de 4 pieds à
12ʰ 12' 10"; & ſuivant la ſeconde à 12ʰ 12' 50".

On appercevoit pendant cette Eclipſe le cœur du Lion,
qui fut en conjonction avec la Lune & une autre petite
Etoile qui devoit entrer dans le diſque de la Lune; mais
la clarté de la Lune qui recouvroit ſa lumiere nous em-
pêcha de l'obſerver.

DES

DES POINTS DE RUPTURE
DES FIGURES:

*De la maniere de les rappeller à leurs Tangentes : D'en
déduire celles qui ſont par-tout d'une réſiſtance égale :
Avec la Méthode pour trouver tant de ces ſortes de
Figures que l'on veut : Et de faire enſorte que toute
ſorte de Figure ſoit par tout d'une égale réſiſtance, ou
ait un ou pluſieurs points de rupture.*

I. MEMOIRE.

*Des Figures retenuës par un de leurs bouts, & tirées par telles
& tant de puiſſances qu'on voudra.*

PAR M. PARENT.

I. Art. SOit (*dans les 6. rᵉ figures*) un corps quelconque 1710.
SEFaAB retenu fixement par ſa baſe EBAC, & 21 Fevrier.
dont toutes les Tranches ebac paralleles à EBAC luy
ſoient en même tems proportionnelles; enſorte qu'ayant
diviſé les axes EB, eb de ces tranches proportionnelle-
ment en D, d, leurs ordonnées DC, dc, ayent un même
raport aux dernieres ordonnées AB, ab, & entre elles,
comme je l'ai ſuppoſé dans les Memoires du 1ᵉ Avril 1704,
& du 4 Juin 1707. Soit BbF l'axe de ce corps qu'on ſup-
poſe perpendiculaire aux tranches EBA, eba, auſſi-bien
qu'à la commune direction PM des puiſſances M qui
doivent rompre ce corps, comme dans le cas le plus or-
1710. Z

Parent ed il Calcolo Infinitesimale

Antoine Parent, noto peraltro per aver nel 1713 posto in maniera definitiva il problema dell'asse neutro, applicò per primo i metodi dell'analisi infinitesimale, esposti da Leibniz nel 1684, allo studio della forma delle travi di egual resistenza.

Antoine Parent (Parigi 16 settembre 1666 — Parigi 26 settembre 1716) dopo aver terminato i suoi studi di diritto si dedica alla sua passione per le matematiche e le loro applicazioni quali la meccanica e l'arte delle fortificazioni che egli apprende in due campagne che compie al seguito del marchese d'Alégre. Qualche mese prima della morte fu eletto membro aggiunto dell'Accademia delle Scienze.

Di lui si hanno: *Elements de Méchanique et de Physique* (Parigi 1700), *Recherches de Physique et de Mathématique* (Parigi 1705, Parigi 1713), una ventina di memorie nella raccolta dell'Accademia delle Scienze, nel *Journal des savants* e nelle *Mémoires de Trevoux*.

Riportiamo questi cenni biografici dalla *Nouvelle Biographie Générale*, Parigi 1862.

La sua memoria *Des points de rupture des figures: de la manière de les rappellar à leurs Tangente:: D'en déduire celle: qui sani par tout d'une résistance égale: Avec le Méthode pour trouver tant de ces sorte: de Figure: que Fon veut: Et de faire ensorte que toute sorte de Figure soit par tout d'une égale résistance, ou ait un ou plusiers points de rupture* appare il 22 febbraio 1710 nelle *Memoires de l'Académie Royale des Science.*

Egli imposta subito il problema con molta chiarezza e metodo moderno (vedi figura seguente).

Si può immaginare che tutte le sezioni EBAC, ebac siano pronte a separarsi e che il rapporto

$$\frac{M*PB}{EB^2*AB}$$

sia ovunque eguale al rapporto

$$\frac{M*PB}{eb^2*ab}$$

[...] Ma se [tale] rapporto è più grande di

$$\frac{M*PB}{EB^2*AB}$$

questa sezione sarà più debole a resistere alla forza M così, se la forza M è sufficiente, la rottura avverrà in ebac. Si tratta ora di trovare tutte le infinite figure che hanno questa proprietà, di essere cioè pronte a rompersi in tutti i loro punti contemporaneamente o, se esse non hanno tale proprietà. di farla loro avere.

Quindi Parent formula un: I. Principe pour les points de rupture et les figures d'égale résistance tirées par des puissances costantes.

In tale principio, detta y l'altezza della generica sezione, z la base ed x la sua distanza dall'estremo libero, M la forza che agisce ad una distanza u dalla sezione considerata, egli stabilisce che *il rapporto Mu/y²z dovrà essere costante per le figure di eguale resistenza ovvero eguale ad una quantità costante c. Per i punti di rottura delle figure che ne hanno, questo rapporto dovrà essere eguale ad un massimo.*

Egli giunge cioè alla formulazione del problema in termini attuali secondo i quali cioè la sollecitazione massima k in ogni sezione deve essere eguale in tutte le sezioni e cioè che, detto M il momento flettente e W il modulo di resistenza, valga la relazione W =|M| /k per cui la sezione deve variare in modo che W risulti sempre proporzionale al valore assoluto del momento flettente.

Per le figure di eguale resistenza sottoposte ad una forza concentrata M si avrà dunque la formula generale

$$Mu = y^2zc$$

[...] Ora è evidente che se il profilo FaA è dato per esempio in x ed in quantità costanti a piacimento, si sostituisce in questa formula il valore di z con quello di x ottenendo una equazione espressa tutta in x, y ed in quantità costanti che determinerà la natura del profilo FeE desiderato.

Un esempio: se la larghezza *b* della mensola è costante e la forza *M* è applicata all'estremo libero della mensola, si ha *z = b* ed *u = x* e quindi *Mx =y²bc*. Ma *M,b,c,* sono costanti ed il profilo è una parabola.

Viceversa se si assegna un valore arbitrario ad y, espresso tramite x e quantità costanti, risulterà una equazione tutta espressa in x, z e quantità costanti la quale determinerà la natura del profilo desiderato FaA.

Assegnando, ad esempio, y costante pari ad h ed M sempre applicata all'estremo libero della mensola, si ha: $x = xh^2 c / M$ per cui la mensola ha un profilo orizzontale triangolare.

Riguardo alla natura delle sezioni ABEC, abec essa potrà essere come la si vorrà purché esse siano tutte proporzionali tra loro il che darà una infinità di figure differenti tutte di eguale resistenza.

Ora Parent estende il I. principio alle mensole soggette ad una carico variamente distribuito stabilendo un II. *Principe pour les figures d'égale résistance tirée par des puissance variables.*

Per affrontare tale problema egli introduce i metodi del calcolo infinitesimale. Immagina cioè una sezione abe distante dx dalla generica sezione abc per cui *la somma dei momenti di ognuno delle forze per la sua distanza dall'asse ab [...] non aumenta che del prodotto della somma M delle forze per bb, ne segue che la differenza o l'accrescimento di Mu è Mdx. Tirando dunque la differenza dalla formula Mu = y² zc si avrà Mdx = d (y² z) e tirando una seconda volta la differenza, supponendo i dx costanti, si ottiene*

$$\frac{dx * dM}{c} = d^2 \left(y^2 z \right)$$

Ora è evidente che dM indica soltanto la differenza delle forze che non è altro che la forza applicata alla sezione elementare abcabe. Si può dunque prendere come regola generale delle figure di eguale resistenza sottoposte a forze variabili a piacimento, che le seconde differenze d²(y²z) delle resistenze delle sezioni ECBA, ecba, ecc. debbano essere continuamente tra loro nello stesso rapporto delle forze applicate alle stesse sezioni.

Nella traduzione del testo abbiamo preferito adottare la notazione moderna per i differenziali e cioè $d^2(y^2z)$, ad esempio, dove Parent usa dd.y²z. Così abbiamo anche sostituito il segno x di moltiplicazione con il punto, ove strettamente necessario, e la soprasegnatura, ad esempio:

$$\overline{dx^2 + dy^2}, \text{ con la parentesi } (dx^2+dy^2).$$

Dunque dM è il carico sull'elemento dx per cui dM/dx è la funzione q che descrive l'andamento del carico. Cioè, dividendo per dx² si ha:

$$\frac{dM}{dx} = q = c = \frac{d^2(y^2 z)}{dx^2}$$

E ciò si deduce anche dalla proporzionalità, voluta dalla moderna teoria delle travi ad uniforme resistenza, del momento flettente M (da non confondersi con la forza M di Parent) con il modulo di resistenza W da cui consegue:

$$\frac{d^2 M}{dx^2} = c \frac{d^2 W}{dx^2}$$

ma è noto che d²M/dx² = q. Per quanto riguarda invece il modulo di resistenza non si deve dimenticare che Parent parla di travi in cui tutte le sezioni sono simili per cui è lecito, per i fini proposti, esprimere il modulo di resistenza soltanto tramite le funzioni y e z che descrivono le sezioni rispettivamente verticali ed orizzontali della trave.

Se si suppone ad esempio che la figura EFeA, sia una specie di piramide [...] l'equazione del profilo EeF [della quale] sarà y = x² e quella del profilo AaF sarà z = xᵖ e la sezione ebac sarà sempre espressa dal prodotto yz = x²⁺ᵖ, la sua resistenza sarà y²z = x⁴⁺ᵖ di cui la differenza = (4+pdx) x³⁺ᵖ di cui la differenza di questa differenza = (4+p) (3+p) dx² x²⁺ᵖ la quale è nella stessa proporzione di yz

= x^{2+p} delle sezioni ebac medesime. Questo ci insegna che questa specie di piramide è dovunque egualmente resistente al peso proprio. Stabiliti questi principi ecco parecchie conseguenze che se ne deducono e che serviranno come principi particolari per le figure più semplici. Per gli sferoidi ed i conoidi d'eguale resistenza come nella prima parabola cubica EeF di cui BE è l'asse ed F il vertice [...j non si può dubitare che se M è la forza concentrata applicata in F, il conoide EFcA non sia egualmente teso in tutte le sezioni EBAC, ebac come noi abbiamo indicato nella memoria del 1704 parlando della forma naturale dei fornici. Del resto questa stessa figura è una di quelle indicate da Galilei, Leibniz ed in seguito da Varignon.

Parent si riferisce ai *Discorsi e dimostrazioni matematiche intorno a due nuove scienze* di Galilei, pubblicato a Leida nel 1638; alla memoria di Leibniz *Demontrationes novae de resistentia solidorum* pubblicata nel 1684 sugli *Acta Erudit-rum* ed infine alla memoria di Varignon *De résistance des solides* ... presentata il 24 marzo 1702 alla *Académie Royale des Sciences*.

[Quanto detto] deriva dalla formula Mu = y^2zc del primo principio che diventa Mx=y^2zc. Poiché y è eguale a z, si ha Mx/c = y^3 la quale, essendo M costante, è l'equazione di una prima parabola cubica. Ma se M è una forza variabile, come ad esempio il peso delle sezioni stesse ebac, EeF, AeF saranno delle parabole prime in cui BF sarà la tangente al vertice comune F. [...] Ciò si ricava dal secondo principio delle figure di eguale resistenza. Poiché z è eguale a y, dz=dy e d ^2z = d ^2y. Dunque la formula di questo principio diventa

$$dx \frac{dm}{c} = d^2(y^2 z) = 6y(dy^2) + 3y^2 d^2 y$$

Poiché dM = y^2dx, per l'eguaglianza tra z e y, sostituendo si ottiene l'equazione differenziale dx^2 y/c=6(dy)^2 + 3yd ^{2}y il cui integrale secondo è y = x^2/30 c che si riferisce alla prima parabola.

Sviluppando infatti il differenziale al secondo membro si ottiene:

$$d^2(y^2z) = 2zdy^2 + 4ydydz + 2yzd^2y + yd^2z$$

dal quale, per $z = y$, si ottiene l'espressione riportata da Parent.

La funzione di carico infine è $q = dM/dx = y^2$ ed è cioè data dall'area delle sezioni che, essendo la base eguale all'altezza per ipotesi, viene espressa dal quadrato dell'altezza.

L'equazione differenziale da integrare, nella attualmente più consueta notazione newtoniana anziché leibniziana, è:

$$3yy'' \, 6(y')^2 - y/c = 0$$

a cui si aggiunge la condizione iniziale $y(0) = 0$ in quanto la mensola ha altezza nulla all'estremo libero. Si giunge così all'integrale particolare dato da Parent.

Si devono notare due refusi nell'originale che riporta bdy^2y anziché $6dy^2y$ ed omette la c al denominatore del risultato dell'integrazione.

Se M rappresenta il vento. la figura EFA sarà allora un cono di cui EBA sarà la base, F il vertice e BE l'asse ma ciò considerando tale figura priva di peso. [...] Dal secondo principio per le figure di egual resistenza si ottiene infatti integrando l'equazione $dx^2/c = 6dy^2 + 3yd^2y$ che è tratta dalla formula $dxdM/c = d^2(y^2z)$ poiché $dM = ydx$.

In questo caso la pressione del vento viene considerata un carico verticale uniformemente distribuito sulla trave e quindi è funzione di z che, per ipotesi, è eguale ad y.

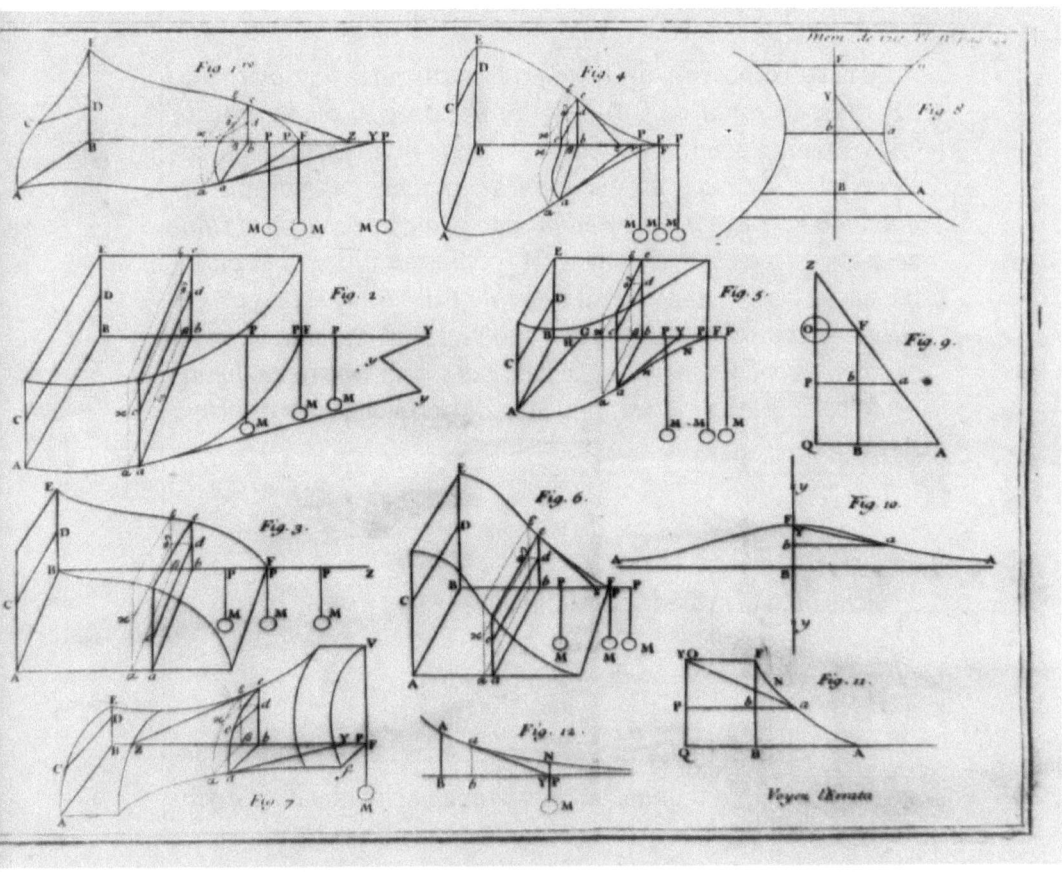

L'equazione differenziale in notazione newtoniana è in questo caso:

$$3yy'' + 6(y')^2 - 1/c = 0$$

che, con la consueta condizione iniziale, ha come integrale particolare $y = x/sqrt(6c)$ che è l'equazione della generatrice del cono.

[Tratteremo ora delle] *figure in cui tutte le z ovvero le AB, ab sono eguali [...]. Tali figure per un carico concentrato alla estremità sono prime parabole come hanno notato gli autori citati [...] e ciò si ottiene immediatamente dalla prima formula $Mu = y^2zc$ e poiché z ed M sono quantità costanti si riduce a $x = y^2$ per $M = zc$. Ma se M rappresenta (per esempio) il peso delle sezioni ebac allora il profilo EeF sarà la stessa prima parabola con tangente BF per il suo vertice F. Ciò si trova ancora con il secondo principio delle figure di eguale resistenza. Infatti per z costante le dz e le z si annullano e la formula di tale principio si riduce a*

$$dx\, dM/c = d^2(y^2z) = 2zdy^2 + 2zyd^2y$$

e poiché dM vale ydx. l'equazione diviene

$$ydx^2 = 2dy^2 + 2yd^2y,$$

ponendo zc pari all'unità. Da questa si ottiene l'integrale secondo $x^2/12 = y$ dal quale si deduce quello che abbiamo detto. Anche questa figura è stata ricordata dagli autori citati.

Dallo sviluppo del differenziale al secondo membro, che abbiamo riportato poco sopra, si ottiene l'espressione riportata da Parent per l'annullarsi dei differenziali primi e secondi di z. In questo caso il carico è funzione dell'altezza delle sezioni in quanto la base è costante, cioè: $q = dM/dx = y$. L'equazione differenziale è quindi:

$$2yy''(y')^2 - y = 0$$

che ha come integrale particolare, sotto le condizioni iniziali già dette, quello riportato da Parent.

Se M rappresenta il vento che viene perpendicolarmente a BF è evidente che allora EeFB sarà un triangolo dove F sarà il vertice ed EB la base [...]. [Ciò si deduce] dal secondo principio dell'eguale resistenza integrando l'equazione

$$\frac{dx^4}{(dx^2+dy^2)zc}=2\,dy^2+2yd^2\,y$$

che è tratta dalla formula dx dM/c = d²(y²z) in cui

$$dM=\frac{dx^2}{dx^2+dy^2}$$

che si trova nel nostro Elements de Méchanique & de Physique [pubblicato a Parigi nel 1700].

In questo caso si tiene conto della forma della trave per valutare il carico dovuto al vento invece di considerarlo, come prima, semplicemente uniformemente distribuito. L'equazione differenziale in notazione newtoniana è dunque:

$$\frac{1}{(1+(y')^2)zc}+2(y')^2+2\,y'y = 0$$

la cui integrazione presenta notevolissime difficoltà. Certamente la retta è una soluzione particolare. In questo caso infatti y' = k e y''= 0 e quindi si ha una equazione in k e cz per cui il coefficiente angolare k della retta, ipotenusa del triangolo, può esprimersi in funzione di cz.

[Questa] *è ancora una di quelle figure notate dagli autori citati. Tratteremo infine delle [...] [mensole] in cui tutte le y o BE, be sono eguali. Se il peso è concentrato all'estremo libero tali figure sono dei triangoli. Queste figure sono ancora riportate dagli autori citati. [Ciò si ottiene] ancora dalla formula $Mu = y^2 zc$ del primo principio che diviene $Mx = y^2 zc$ e poiché M ed y sono quantità costanti, si riduce a $x = z$ se si suppone che $M = cy^2$*

Si può dire la stessa cosa sia di un trapezio che di un triangolo [...]. Questa ultima osservazione non è stata ancora fatta. Ma se M rappresenta il peso [della mensola] o la forza del vento che soffia contro la faccia della mensola o entrambe le cose e se ci si serve del secondo principio per le figure di eguale resistenza $dx \, dM/c = d^{t2}(y^2 z)$, in cui $dM = zdx$ e poiché dy, dy^2 e $d^2 y$ si annullano poiché si suppongono eguali tutte le y, si ridurrà semplicemente a $dx^2 z/c = y^2 d^2 z$ o se si vuole, a $dx^2 = d^2 z/z$ se si suppone la costante $cy^2 = 1$. Ora questa equazione mostra che la mensola AaPB è una logaritmica di cui BF è l'asse [...] Questa figura non è stata ancora fatta notare.

In notazione newtoniana infatti si ha semplicemente $z'' = z$ da cui, integrando si ottiene appunto $\log z = x$.

Con Parent si assiste alla formulazione moderna del problema tramite la generalità e potenza del calcolo infinitesimale e questa applicazione è storicamente importante in quanto costituisce la prima applicazione del calcolo infinitesimale, e quindi dei metodi moderni dell'analisi, al problema della progettazione strutturale.

Per comprendere la posizione storica dell'opera di Parent è opportuno accennare alla evoluzione dell'analisi infinitesimale.

I risultati che egli infatti ottiene dimostrano la sua conoscenza di metodi matematici più che sofisticati per la risoluzione di equazioni differenziali del secondo ordine non lineari. Fino alla prima metà del seicento gli studi della nascente analisi infinitesimale erano rivolti alla risoluzione di due problemi fondamentali: il calcolo delle aree, chiamato anche quadratura, e la determinazione della tangente ad una curva, chiamato il problema della tangente. Quest'ultima veniva affrontata anche inversamente, cioè conoscendo la variazione delle tangenti ad una curva, determinare l'equazione della curva stessa. Entrambi i problemi erano sorti da esigenze pratiche della geometria o della fisica e venivano risolti mediante algoritmi, in genere geometrici, molto complicati e non generali.

Galilei, Keplero, Cavalieri, Fermat, Descartes ed altri si erano interessati a questi problemi con alterna fortuna e ne avevano dato notevoli soluzioni particolari. Il primo che mostrò la connessione esistente tra i due problemi fu E. Torricelli che nel 1644 pubblicò un lavoro dal titolo *De dimensione parabolae* nel quale usa sia il metodo degli indivisibili di Cavalieri che quello di esaustione per arrivare alla medesima conclusione. Egli sottolineò così il fatto che il problema della determinazione della tangente e quello della quadratura sono l'uno l'inverso dell'altro; in termini moderni si dice che la differenziazione è l'inverso della integrazione.

Dalla metà del secolo diciassettesimo alla metà del secolo seguente vennero gettate le basi logiche rigorose del calcolo infinitesimale, differenziale ed integrale.

Alla fine del seicento Isaac Newton con i suoi lavori matematici consolidò le scoperte precedenti sul calcolo infinitesimale e propose degli algoritmi generali applicabili a tutte le funzioni sia algebriche che trascendenti, rimanendo però vincolato alla interpretazione geometrica con il suo metodo delle flussioni. Nello stesso periodo G.W. von Leibniz pervenne agli stessi risultati di Newton ampliando ancora lo studio del calcolo ed introducendo le notazioni, tuttora in uso, per i differenziali e per l'integrale. Egli sviluppò ampiamente il calcolo differenziale dando le principali regole di derivazione per le funzioni continue ed effettuò numerose quadrature applicando metodi analitici molto simili a quelli tuttora in uso. Ciò soprattutto permise l'impostazione del tutto nuova, e moderna, del problema dell'uniforme resistenza da parte di Parent.

A Leibniz si deve anche il nome di equazione differenziale nel significato attuale. La prima esposizione che Newton abbia pubblicato apparve nei *Philosophiae naturalis principia mathematica* nel 1687. In tale edizione Newton ammetteva che Leibniz possedeva un metodo simile, ma nella terza edizione del 1726, in seguito all'aspra polemica tra i sostenitori dei due scienziati in merito alla indipendenza e priorità della scoperta del calcolo infinitesimale, Newton eliminò il riferimento al calcolo di Leibniz.

Oggi è abbastanza chiaro che la scoperta di Newton precedette quella di Leibniz di circa dieci anni ma che d'altra parte la scoperta di Leibniz fu fatta indipendentemente da quella di Newton. Inoltre a Leibniz va riconosciuta la priorità della pubblicazione che avvenne nel 1684, e cioè circa tre anni prima dei Principia di Newton, negli *Acta eruditorum* con il saggio *Nova methodus pro maximis et minimis, itemque tangenti-bus, qua nec irrationales quantitates moratur.*

In questa memoria Leibniz ha la geniale idea di condurre l'operazione di derivazione come una operazione da eseguirsi sopra una funzione; egli denota tale operazione con il simbolo d, ed ancor oggi si chiama notazione leibniziana il simbolo df/dx per la derivata di f, e la introduce in modo chiaro, stabilendo una serie di regole che permettono di calcolare le derivate di somme, prodotti, quozienti, radici, ecc. di funzioni a partire dalle derivate della funzione stessa e crea perciò un nuovo algoritmo, un nuovo tipo di calcolo. Anche il simbolo di integrale, è dovuto a Leibniz.

Ulteriori metodi analitici per la risoluzione di altri tipi di equazioni differenziali mediante quadrature furon scoperti da Jacques I Bernoulli e dal fratello Jean I.

In Italia G. Manfredi pubblicò nel 1707 la prima opera di puro calcolo integrale dal titolo *De constructione Aequationum differentialium primi gradus* nella quale esamina tutti i casi di risoluzione mediante quadrature delle equazioni differenziali del primo ordine.

Negli anni 1722-1723 Jacopo Riccati pubblicò le sue lezioni di calcolo infinitesimale nelle quali, oltre ai metodi di integrazione di equazioni differenziali del primo ordine, dette anche quelli per ridurre al primo ordine le equazioni di ordine superiore.

In Francia si interessò alla integrazione delle equazioni differenziali A. Clairaut e in due memorie presentate nel 1739 e nel 1740 alla Accademia Reale delle Scienze di Parigi riportò le proprietà ed i teoremi sul calcolo integrale da lui scoperti e che ne costituiscono un ulteriore sviluppo.

Infine L. Euler, discepolo di Jacques I Bernoulli, portò a compimento l'edificio del calcolo differenziale con i due classici volumi *Institutiones calculi differentialis* (1755) ed *Institutiones calculi integralis* (1763).

INDICE

ART DIRECTION: **Pata & Trac**

FINITO DI STAMPARE: Luglio 2013